超级沟通
心理学

醉流枫/编著

台海出版社

图书在版编目（CIP）数据

超级沟通心理学／醉流枫编著. —北京：台海出版社，2016.2（2018.7 重印）

ISBN 978-7-5168-0876-4

Ⅰ. ①超… Ⅱ. ①醉… Ⅲ. ①人际关系学—社会心理学—通俗读物 Ⅳ. ①C912.1-49

中国版本图书馆 CIP 数据核字（2016）第 040217 号

超级沟通心理学

编　　著：醉流枫

责任编辑：刘　峰　　　　　　　　封面设计：一个人·设计
责任印制：蔡　旭

出版发行：台海出版社
地　　址：北京市东城区景山东街 20 号，邮政编码：100009
电　　话：010—64041652（发行，邮购）
传　　真：010—84045799（总编室）
网　　址：www.taimeng.org.cn/thcbs/default.htm
E-mail：thcbs@126.com

经　　销：全国各地新华书店
印　　刷：香河利华文化发展有限公司
本书如有破损、缺页、装订错误，请与本社联系调换

开　　本：710×1000　1/16
字　　数：193 千字　　　　　　　　印　　张：15
版　　次：2016 年 5 月第 1 版　　　印　　次：2018 年 7 月第 5 次印刷
书　　号：ISBN 978-7-5168-0876-4

定　　价：35.00 元

前言
Preface

随着经济的飞速发展，人与人之间的关系也变得越来越密切。于是，如何处理人际关系被提到日程上来了。而"说服"在人际关系中起着极其重要的作用，一个能否掌握"说服"的艺术决定着人生的成与败。

戴夫·拉客哈尼说："说服是一门得到你想要的神奇艺术。"弗里德里克·道格拉斯说："如果我能说服别人，我就能转动宇宙。"由此可见，"说服"对一个人的非凡影响力。

一个人倘若掌握了"说服"的技巧，那么不管是遇到朋友、客户、爱人或者陌生人都能够左右逢源、八面玲珑，而且办起事情来更是得心应手。这样，你的人生目标便能够得到实现，你的爱情便能够在宽容中得到进一步地升华，你的朋友便会在你最危难的时候施以援手，甚至身边的陌生人也会因为出众的口才而对你顿生好感。

但是，倘若你是一个木讷而不会说话的人，那么你的人生可能要经历一番艰辛了！不过，你也不必太担心，如果你想让自己的人生命运有一个一百八十度的大转弯，那么，就请在空暇之际学学"说服术"吧！

有这样一个故事：

美国南北战争时期，属下向林肯总统打听敌人的兵力数量，林肯不假思索便答："一百二十万至一百六十万之间。"下属又问其依据何在，林肯说:"敌人多于我们三四倍。我军四十万,敌人不就是一百二十万至一百六十万吗?"为了对军官夸大敌情、开脱责任提出批评,林肯巧妙地开了个玩笑,借调侃之语嘲笑了谎报军情的军官。这种批评显然比直言不讳的斥责要好多了。

其实,许多时候批评的效果往往并不在于言语的尖刻而在于形式的巧妙,正如一片药加上一层糖衣,不但可以减轻吃药者的痛苦,而且可以使人非常情愿地接受。批评也一样,倘若我们能在必要的时候给其加上一层"外衣",也同样能够达到"治病"的目的。所以,倘若你能够聪明地运用"说服"的技巧,在批评别人前先对其进行一番赞美,那么更容易让他快乐地接受你的想法。

在生活中,随处随时都需要"说服"。可以说,说服是无处不在无时不在的。

当你与别人的意见不一致时需要"说服",当你想求人办事时就需要以情动人、以"礼"求人,当你身处困境时就需要口才来为你开道,当你要拿下"高业绩"炫耀一番时就要想想办法练练嘴巴了,当你想得到恋人的"芳心"时就要懂得用美言来哄哄他了……

为了帮助大家达成自己的心愿,我们专门编写了这本关于"说服"的小书。

希望广大读者朋友能够从中找到适合自己的方法技巧,领略到说话的真正魅力,那么我们便会因此而感到万分开心。本书从各个方面向你展现语言的巨大魅力,它选取了世界上最经典最动人的案例故事,语言朴素易懂,是一本非常值得一读的实用口才书。

目录
Contents

第五章 用"玩笑"将不好说的话说出来

第六章 让对方支持你，不妨采取迂回说服

第七章　说话不要太满，给人留脸面就是给自己留退路

第八章　掌握说服定律，让对方无法说"NO"

第九章　规避禁忌，做最优秀的说服者

第一章

说服的最终目的是让人心服口服

　　我们说服他人，其目的就是让对方接受我们的观点或者按照我们的意图行事。但是，如果我们不能让对方心服口服，只是让对方嘴里勉强答应或者不得不同意，那么我们的说服效果就大打折扣。毕竟，说服的最终目的是让人心服口服地同意，而不是被迫同意。

1. 话说到了心坎上，谁都会为你所动

很多人都认为，那些说服专家都是口才流利、能言善道的人，其实不然，只有懂得"攻心"说话才是说服成败的关键。包括美国联邦调查局和知名国际公关公司在内的许多谈判高手都表示，要说服一个人，口才不是重点，攻心才是关键。所以，如果你想说服别人，掌握攻心的策略是非常重要的。

古人讲的"攻城为下，攻心为上"是有一定道理的。所谓"口服心服"说的也是这个意思。因此，对于说服者而言，一定要先想办法在心理上战胜自己，战胜对方，不能不有所思考，有所研究。以子之矛，攻子之盾，利用时机，反客为主。

1964 年 4 月，担任中国外交部部长的陈毅，曾率团参加第二次亚非会议的筹备会，地点在印尼首都雅加达。到达雅加达后，他首先会见了印尼总统苏加诺，没过多久他就发现彼此的观点不一致。

苏加诺的意思十分明确，他主张第二次亚非会议仍在印尼的万隆召开。而陈毅的想法与他不同，他认为第一次亚非会议已在万隆召开，第二次亚非会议应该选在非洲国家召开。

双方不一致的观点为筹备会议增加了难度。为了坚持自己的观点，又不致伤了和气，陈毅想到了很好的办法。他知道苏加诺很爱面子，所

以他从照顾东道主的面子出发，并从尊重苏加诺的角度考虑，非常庄重地对苏加诺总统说："非洲有 40 几个独立国家，总统阁下如果主张此次会议在非洲召开，就等于支持了非洲的独立，你的做法真可谓高瞻远瞩，顾全大局，还能够充分展现你政治家的风度，当你到那里去发言时，你就会得到更多的支持。"

苏加诺听后，觉得很有道理，但他仍然碍于情面，只是点头称是，却不肯放弃自己以前的观点。陈毅元帅洞察出了他的心机，转而用幽默、诙谐的语言对他说："你是总统，我是元帅，我给你当个参谋长，你要不要呢？"苏加诺自然无法回绝，唯有称是。

人们经常会说："一把钥匙，开一把锁。"陈毅正是运用懂人心的钥匙，不伤和气地说服了印尼总统苏加诺。对此，心理学专家指出，倘若人与人之间的相处是彼此间敞开心扉的，那么就谈不上想方设法地影响他人做事了，只需在让对方做事情前告诉自己一声便可以了。但事实正好相反，人与人之间内心深处所想的事情，是完全不同的两个状态，这就需要人们懂得他人的心思。心理学家的言外之意旨在说明，既然人与人之间不能完全敞开心扉，那么欲向他人施加影响，只有在懂得他人的心思后，才能更易于施展。

有一位作家对一位商人说："上个星期，我的伞在伦敦一所教堂里被人拿走了。因为伞是朋友送给我的礼物，我非常珍惜，所以，我花了几把伞的价钱登报寻找，可是一直都没有消息。"

"您的广告是怎样写的？"商人问。"广告在这儿。"教授一边说，一边从口袋里掏出一张从报上剪下来的纸片。

商人接过来念道："上星期日傍晚于教堂遗失黑色绸伞一把，如有仁人君子拾得，烦请送到布罗德街 10 号，当以 5 英镑酬谢。"

商人说："我是常做广告的。登广告大有学问。您登的广告不行，肯定找不到伞。我给您再写一个广告。倘若还找不到伞，我买一把新的赔您!"

商人写的广告见报了。次日一早,教授打开屋门便大吃一惊。原来院子里已横七竖八地躺着六七把雨伞。这些伞五颜六色,布的、绸的,新的、旧的,大的、小的,各种各样的伞都有,都是从外面扔进来的。

而作家的那把黑色绸伞也在其中。好几把伞还拴着字条,说是没留心拿错了,恳请失主勿将此事声张出去。作家把这个喜讯告诉了商人,商人说:"这些人可真是老实。"

作家很好奇地问道:"你的广告到底是怎么写的,他们怎么会把伞都送过来呢?"

商人把写的那张广告拿给作家看,上面写道:"上星期日傍晚,有人曾见某君从教堂取走雨伞一把,取伞者如不愿招惹麻烦,还是将伞速速送回布罗德街 10 号为好。否则此君为谁,尽人皆知。"

商人的广告虽然做得有些狡猾、奸诈,但是毫无疑问,其语言具有非常强的说服力与杀伤力。作家实事求是的广告没有奏效的情况下,商人"别出心裁",达到了出奇制胜的效果。

商人的广告之所以能够奏效,原因就在于他抓住了一般偷伞人怕被抓到的心理弱点。求人办事也是如此,要找准所求人心理的那个薄弱点:"恭"其所需!不一定非得要有拍马屁的高超本领,但你最好学会把握好时机说好话、说好听的话。倘若碰巧所求之人的女儿在他身边,你就要把他的女儿夸成一朵花,即使她不漂亮,也要夸她"可爱";倘若对方是一位老艺术家,清心寡欲,那你就要准备好和他谈谈诗词,聊聊苏轼之类的人物了。

总而言之,求人办事时,说话要有一定技巧,说到对方心里,对方就会不知不觉地按你说的去做。相反,倘若所说的话不能抓住别人的心理,或许就不能达到求人的目的。所以,说话要攻心,对方才会为你所动。

2. 见什么人说什么话，到什么山唱什么歌

俗话说"见什么人说什么话。"说话要看对象，这是一个常识，也是一个原则。也就是在和别人进行交谈时，尽量使用对方认同的语言，谈论对方熟悉和关心的话题。但也要看具体情况，什么场合说什么话，什么话可以说，什么话不可以说，灵活机动，因"人"而异。尤其在与上司相处时，更要倍加小心，随机应变。

有位名人曾这样说："射箭要看靶子，弹琴要看听众。"话总是说给别人听的，说得好不好，是否有口才，不仅要注意话语是不是恰到好处地表达了自己的思想感情，还要看别人能不能准确理解，乐于接受。倘若你说的话别人听不懂，或者压根儿就不想听，那你说的还有什么意义呢？所以说在适当的场合说适当的话，对不同的人说不同的话，灵活变通至关重要。

李芳是一个餐馆的服务员。有一个知识分子进店，李芳这样说："同志，您要用餐，请这边坐。来个拌鸡丝或溜里脊，清淡利口，好不好？"有一个工人同志进店，李芳这样讲："师傅，今儿过来，想吃过油肉，还是汆丸子？"乡下老大娘进店，李芳这样欢迎："大娘，您进城里来了，趁身子骨还硬朗，隔一段时间就来转转，改善改善生活，您想尝点啥？"

李芳对知识分子，用语文雅、委婉；对工人同志，用语直接、爽快；对乡下老大娘，用语通俗、朴实。这就恰到好处地适应了不同对象的不同爱好和文化修养。

　　在生活中，面对不同的人，我们需要说不同的话，根据对方的认知、社会的水准以及文化层次、兴趣爱好等，说他们最容易接受的话，与他们进行最真诚的交流。当然，这些需要说话人要有广博的知识和准确的识人能力，针对不同的人采取不同的说话方式。

　　以下几点，对我们提高说话水平有非常大的帮助：

　　（1）看对方的身份地位

　　在说话的时候，一定要看清楚对方的身份地位，然后再说话。倘若与领导说话，或是探讨工作，就应该尽量用"请教"的语气。向领导应该多请教一些工作方法，多讨教一些办事经验，他会觉得自己受到尊重。所以，在工作中、在办事过程中，如有不明白的地方应主动去问上司："关于这事，我不太了解，应该如何办？"或"这件事依我看来这样做比较好，不知您有何看法？"

　　领导一定会十分高兴地说："嗯，就照这样做！"或"这个地方你要稍微注意一下！"或"大体这样就好了！"如此一来，我们不但会减少犯错误的机会，领导也会感到自身的价值，有了他的帮助和支持，后面的事情就好办得多了。

　　（2）针对对方的特点

　　与人交谈首先要看对方的身份、地位，其次还要看对方的性格特点，针对他的不同特点，采取不同的说话方式，这样才有利于解决问题。如果对方性格豪爽，便可以单刀直入；如果对方性情迟缓，则要"慢工出细活"；如果对方生性多疑，切忌处处表白，应该不动声色，使其疑惑自消等。

（3）重视对方年龄的差异

对年轻人，应采用煽动的语言；对中年人，应讲明利害，供他们斟酌；对老年人，应以商量的口吻，尽量以尊重的态度。

（4）考虑地域的差异

新中国成立前夕，陈毅同志在一次报告中说："我们有充分的信心可以预见，解放全中国已经不需要太长的时间了！解放上海，更是指日可待！（台下爆发雷鸣般的掌声）过不了几天（用标准的上海话）阿拉这些土八路可以到上海白相白相！"（台下充满笑声）这样的话在那个社会环境和具体场合显得十分得体，而且出语幽默，又鼓舞人心。

不同地域的人具有不同的生活方式、心理特征，对于不同地域的人应该采取不同的劝说方式。如对于我国北方人应采用粗犷的态度；对于南方人，则应细腻一些。

（5）考虑职业的差异

不论遇到从事何种职业的人，只要运用与对方所掌握的专业知识相关的语言与之交谈，对方对你的信任感都会大大增强。

（6）考虑文化程度的差异

一个人的文化教养与理解话语的能力密切相关。这就要求说话时要善于根据对方的知识水平而选用合适的话语表达。假如不看对象，随意用词，就无法取得预期的交流效果。如某幼儿园大班的一位小朋友，见妈妈留客人吃饭，便也拖着客人的衣角不让走。客人问小朋友有什么好"招待"的，小朋友只是瞪着眼望着。客人忙改口说："你有什么好吃的？"小朋友这才"巧克力、旺旺饼、口香糖……"一口气数开了。这里用"好吃的"取代"招待"，正是适合了小朋友的知识水平、理解能力。一般来说，对于文化程度低的人所采用的方法应简单明确，多使用一些具体的数字和例子；对于文化程度高的人，则可以采取抽象的说理方法。

（7）考虑兴趣爱好的差异

凡是具有共同爱好的人，当你谈起有关他的爱好这方面的事情时，自然会激起对方的谈话兴趣。同时，无形中对你也会产生一定的好感。当你从此入手时，就能为下一步的谈话打下良好的基础。

3. 顾全别人的脸面，别人才会给你脸面

人们常常说："人有脸，树有皮。"爱面子是人类共同的天性。在生活中，每个人都爱自己的面子，因此在你拼命维护自己的面子时，千万不要忽略了别人的面子。因为面子就像物理学中的力一样，是相互的，只有你给别人留足面子，反过来才能够给自己创造出面子。

其实，给别人留面子就是尊重对方的表现。很多时候，你只有照顾到了别人的脸面，别人才能够与你进行真诚地交流。倘若你不给别人留面子，那么就是不懂得尊重别人。这样的人在得不到别人的尊重时，便会失去自我的价值。

从前，有位大侠名叫郭解。

有一次，洛阳有个人因与他人结怨而心烦，多次央求地方上有名望的人士出来调停，可是对方就是不给面子。后来他找到郭解门下，请他来化解这段恩怨。

郭解接受了这个请求，亲自上门拜访委托人的对手，做了大量的说服工作，好不容易才使这人同意了和解。按照常理来说，郭解完成任务，可以走人了。

可郭解还有高人一着的棋，他对那人说："这件事，听说有许多当地有名望的人调解过，但是都没有达成协议。这次我很幸运，你也很给

我面子，我了结了这件事。我在感谢你的同时，也非常为自己担心，毕竟我是外乡人，在本地人出面不能解决问题的情况下，由我这个外地人来完成和解，未免使本地那些有名望的人感到丢面子。"

"所以，请你再帮我一次，等我明天离开此地，本地几位名人还会上门，你从表面上要做到让他们以为我出面也解决不了问题。把面子给他们，算作他们完成此一美举吧，拜托了。"

给人面子，你才会有面子。即使我们自己很优秀，也千万记得给别人留些面子，这样我们才会被人所尊敬。故事中的郭解非常明白这个道理，所以他在为人处世的时候做足了面子功夫，给当地的名人留足的脸面。由此可见，他之所以能够出面调解成功的真实原因。

在人际关系中，倘若你想有效地影响他人，让别人帮你说好话、办事情，就要学会尊重对方。给面子无疑是尊重对方的重要表现。法国著名作家安东安娜·德·圣苏荷伊曾在他的作品中写过："我没有任何权利去做或说任何事来贬低一个人的自尊，重要的不是我觉得他怎么样，而是他觉得他自己该如何。伤害人的自尊是一种罪过，这也包括不给人留面子。"

留面子是一种相互的行为，倘若你是一个对面子无所谓的人，那么在工作或者生活中，你往往很难得到大家的喜爱。当你招致很多人的反感时，你觉得自己还可以说服他人、影响他人，进而让他人接收你的意见或者观点吗？答案显然是否定的。所以，一个懂得交际的人往往会在任何场合都给别人留足面子，做任何事情都会留有余地。这样你在给别人留面子的同时，也为自己铺就一条通向成功的阳光大道。

4. 在尊重的基础上，说话直指对方要害

许多人崇拜林肯总统，有一个很重要的原因就是他擅长抓住问题核心，一针见血，可说是一位"言简意赅的大师"。林肯的葛底斯堡演讲更是举世知名的，连他当时的对手埃佛瑞都不禁赞叹他："如果我在两个小时的演讲里，能像林肯在两分钟演讲里一样精辟透彻，我就心满意足了！"由此可见，说服别人一定要一针见血，切中对方要害。

在剑桥大学的一次毕业典礼上，整个大礼堂里坐着上万名学生。他们在等待伟人丘吉尔的到来。在随从的陪同下，丘吉尔准时到达，并慢慢地走入会场，走向讲台。

站在讲台上，丘吉尔脱下他的大衣递给随从，接着摘下帽子，默默地注视着台下的观众。一分钟后，丘吉尔才缓缓地说出了一句话："Never Give Up!"（"永不放弃！"）

说完这句话，丘吉尔穿上了大衣，戴上帽子，离开了会场。整个会场鸦雀无声，顷刻间掌声雷动。

这是丘吉尔一生中最后一次演讲，也是最精彩的一次演讲。他仅仅用了几个字，就将自己要演讲的内容说了出来，用简洁的语言达到了这个目的。

据说，有人曾去询问马克·吐温："演说是长篇大论好呢，还是短

小精悍好?"马克·吐温没有正面回答,而是讲了一个有趣的故事:一个礼拜天,他到教堂去,适逢一位慈善家正用令人哀怜的语言讲述非洲慈善家的苦难生活。当慈善家讲了 5 分钟后,他马上决定对这件有意义的事情捐助 50 美元;当慈善家讲了 10 分钟后,他就决定将捐款减至 25 美元了;当慈善家继续滔滔不绝讲了半小时之后,马克·吐温又减到 5 美元;慈善家又讲了 1 个小时后,拿起钵子向大家哀求捐助,并从马克·吐温面前走过时,马克·吐温却反而从钵子里拿走了 2 美元钱。马克·吐温原本决定捐助 50 美元,最后却变成拿走 2 美元钱,似乎太不近情理,但细想起来,却是理所当然的。

那位慈善家本来只需 5 分钟就能讲完的话,却滔滔不绝地拉长到 60 分钟,致使他的说话形象一落千丈,说话风格令人生厌,这怎能不引起马克·吐温的反感,以至于从那位慈善家的钵子拿走 2 美元钱。

在与别人交谈时,我们其实只要能抓住关键点不放,将主要的意思说到,就能达到我们所要的效果了。

林肯曾说:在一场官司的辩论过程中,如果第七点议题是关键所在,我宁愿让对方在前六点占上风,而我在最后的第七点获胜。这一点正是我经常打赢官司的主要原因。这里让我们一起看一下林肯是怎样用他的办法打赢一场著名官司的。

在那个官司审判的最后一天,对方律师整整花了两个小时来总结此案。林肯本来可以针对他所提出的论点加以驳斥,但他并未那样做,而是将论点集中到了关键点上,总共花了不到一分钟的时间。最后,林肯赢得了这场官司。

无论我们平时和什么样的人说话,都要让对方在最短时间内明白自己的意思,要让对方被自己说服,就必须找出问题的关键点。

在社交场合中,任何人只要有喋喋不休的坏习惯,再好的朋友也会逐渐疏远他。所以一旦你发觉自己浪费太多唇舌时,请立刻停下你的嘴巴！你不妨为自己装个无形的闹钟，该住口时绝不拖拖拉拉，不知停止。

推销员不一定什么都知道，但通常都能言善道。根据通用电气公司副总经理所言："在最近的代理商会议中，大家投票选出导致推销员交易失败的原因，结果有四分之三的人认为，最大的原因在于推销员的喋喋不休，这是一项非常值得注意的结果。"

在谈判的攻心阶段，作为一个理智且冷静的人，应该针对谈判桌上出现的难题，采取对症下药的谈判谋略，才能够一矢中的，顺利实现自己的谈判目标。

戴尔·卡耐基曾经这样说："没有人故意让人讨厌。"同时他还强调："往坏处想一想，你我很可能就是此类人，而自己浑然不知。"

令人讨厌的人，说话语速常常快且健谈，说起来没完没了，一句接着一句，一段接着一段，尽其所能，连气都不喘。听者自然也没有了喘气之机，好像面对一条泛滥的河流，总也望不到尽头。倘若换做你是听众，你能受得了这样的谈话吗？

在与人交谈时，最重要的就是说出你要谈论的主题，其余的客套话尽量少说或不说，这样你的听众才不会感到心烦意乱。倘若讲话者好为人师，总是告诉你这样做、那样做，而且酷爱唠叨，相信你一定不会认为他是个出色的讲话者。

当然，长话短说也须针对特定的对象。倘若对方和你的关系并不是十分熟悉，而你一上来就直奔主题，势必让人感到唐突，效果也不会达到最佳状态。

一般说来，针对那些与自己关系比较熟识的人，或者是在一些比较正式的场合，如商业谈判、会场、做报告、演讲等，倘若能做到抓住要点，一针见血，没有那么多冗长的废话，就一定会很快吸引听众，使他们迅速地进入主题；而一味长篇大论，结果只会不得要领。

5. 拒绝浮躁的心态，用你的耐心去打动对方的心

有句俗语是这样说的："心急吃不了热豆腐"。这正说明耐心是成功的关键因素之一。在心理学上，耐心属于意志品质的一个方面，即耐力。它与意志品质的其他方面，如主动性、自制力、心理承受力等有一定的关系。

倘若你的观点是对的，一时说不服人家，你很可能会犯过分心急的毛病。当然，倘若人家听了你的说服的话，立刻点头叫好，这自然是最好不过的事情。

实际上，这样的情况并不多见。别人的看法、想法、做法，不是一天形成的。"冰冻三尺，非一日之寒"，因此，要对方改变看法也绝非一日之功。

相反，即使他当时表示了心悦诚服，你还要让他回去好好考虑。因为积习难改，当面服了，回去细想可能还会出现反复。假如是这样的话，千万不能指责对方是"当面一套，背后一套"。

有一次，日本一家航空公司就引进法国飞机的问题与法国的飞机制造厂商进行会谈。为了让日方了解产品的性能，法国方面做了大量的准备工作，各种资料一应俱全。说服一开始，急于求成的法方代表口若悬河，滔滔不绝地进行讲解，翻译忙得满头大汗。日本人埋头做笔记，仔

细聆听，一言不发。法方最后问道："你们觉得怎样?"日本代表非常有礼貌地回答道："我们不明白。""不明白? 这是什么意思?"法方代表焦急地问道。日方代表笑着说："不明白，一切都不明白"。法方代表看到一切都要前功尽弃，付之东流，十分沮丧地说："那么……你们希望我们怎么办?"日方提出："你们可以把全部资料再为我们重新解释一遍吗?"法方不得已，又重复一遍。这样反复几次的结果。日本人把价格压到了最低点。日本抓住代表急于达成协议的弱点，以"不明白"为借口，施以拖延战术，迫使对方主动把价格压下来。

由此可见，在与人进行商谈时，一定要放下浮躁的心态，千万不要急于求成。一个聪明的人就应该从容地与人交流，一步步地达到自己的目的。

在生活中，有一些人脸皮太薄，自尊心太强，经不住别人的拒绝。他们只要略一受阻，就会脸红，感到羞辱、气恼，要么是和别人争吵闹翻，要么是拂袖而去，不再回头。从表面上来看，这种人很有几分"你不给办就拉倒"的"骨气"，其实这是过分脆弱的表现，导致他们只顾面子而不想千方百计达到目的，对事业是没有任何好处的。因此，我们在找人办事时，既要有自尊，又不要抱着自尊不放。为了达到交际目的，有必要增强抗挫折的能力，碰个钉子脸不红心不跳，不气不恼，照样微笑着与人周旋。只要还有一丝希望就应该全力去争取，不达目的绝不罢休。一个人如果有这种顽强的意志，将会没有办不成的事情。

诸葛亮因错用马谡而失掉战略要地——街亭，司马懿乘势引大军15万向诸葛亮所在的西城蜂拥而来。当时，诸葛亮手下没有一名大将，只有一班文官，所带领的五千军队，也有一半运粮草去了，只剩两千多名士兵在城里。众人一听到司马懿带兵前来，不禁都大惊失色。诸葛亮登上城楼观望后，对众人说："大家不要惊慌，我略用计策，便可教司马懿退兵。"

于是，诸葛亮传令，把所有的旌旗都藏起来，士兵原地不动，倘若有私自外出以及大声喧哗者，立即斩首。又命令士兵把四个城门打开，每个城门之上派 20 名士兵扮成百姓模样，洒水扫街。诸葛亮自己披上鹤氅，戴上高高的纶巾，领着两个小书童，带上一张琴，到城上望敌楼前凭栏坐下，燃起香，然后慢慢弹起琴来。

司马懿的先头部队到达城下，见了这种气势，都不敢轻 中，具有耐心，善于使用拖延战术，以达到控制说服节奏的目的，将使你在说服中占据主动，然后在适当时机答应对方一些条件，则容易达成协议。

司马懿的先头部队到达城下，见了这种气势，都不敢轻易入城，便匆匆返回报告司马懿。司马懿听后，笑着说："这怎么可能呢？"于是便令三军停下，自己飞马前去观看。离城不远，他果然看见诸葛亮端坐在城楼上，笑容可掬，正在焚香弹琴。左面一个书童，手捧宝剑；右面也有一个书童，手里拿着拂尘。城门内外，20 多个百姓在低头洒扫，旁若无人。司马懿看后，疑惑不已。他的二子司马昭说："莫非是诸葛亮家中无兵，所以故意弄出这个样子来？"司马懿说："诸葛亮一生谨慎，不曾冒险。现在城门大开，里面必有埋伏，我军如果进去，正好中了他们的计，还是快快撤退吧！"于是各路兵马都退了回去。

沉默与沉默相撞，照样撞击出精彩的火花。空城计，是沉默的较量。诸葛亮与司马懿，这两个凭智力吃饭的人，他们对彼此是非常了解的，对方的性格、修养、爱好、经验等都了如指掌。这就为他们战胜对方增加了一定的难度，而如何抓住空当，利用对方眨眼的一瞬间攻破对方的精神防线，就会变得极其重要。

诸葛亮以静制动，他的临危不惧临时起到了"语言"的作用——他与司马懿对峙着，古筝飘荡出悠扬的音符，这是他的智慧与勇气，还有孤注一掷的赌注。"此曲只应天上有，人间能有几回闻？"那一刻，老司马不能不选择稳妥的办法，只得下令撤退！

　　总而言之，一项说服往往需要通过长时间的努力才能达成。除了使用说服技巧外，还有更深一层的原因，就是任何公平可行的协议，不论其对双方具有多么大的好处，双方都需要花费一定的时间去理解它。当我们抛弃旧有的理念去接受新鲜事物时会有很大的阻力，所以想要让他人最后接受新鲜事物，必须给别人充足的时间让他慢慢去理解。

　　没有耐心是办不成事的，更不用说办大事。在说服中，具有耐心，善于使用拖延战术，以达到控制说服节奏的目的，将使你在说服中占据主动，然后在适当时机答应对方一些条件，则容易达成协议。

第二章

明白对方想什么，你才知道怎么去说

说服事实上就是一种带有明显目的的谈判。我们只有知道对方心里想什么，其内心的诉求是什么，才能找到相应的说服技巧和说辞，才能有的放矢，从而最终成功地说服对方。

1. 头部动作有玄机，你需要参悟其秘密

头部的动作，也叫首语，类型比较简单，但是很重要，因为这些动作与肢体语言、面部表情相比，更容易被人忽视，而且往往伴随着一个人的说话不自觉地就发生了。

在与人交往时，最普遍的头部动作有两种，即点头和摇头。行为心理学家通过调查和研究证明点头表示肯定是天生的，摇头表示否定是后天习得的，但这两种头部动作的基本含义在人们的潜意识中已经根深蒂固了，不管人类的智慧进化到多么高深的程度，这种骨子里的东西是永远都无法掩饰得住的，可以说无法根除。

销售部的刘经理拿着一摞上个月的绩效考核表，走进了和总的办公室。和总一皱眉："怎么这么多？"刘经理连忙道歉，说："和总，是这样的，上个月小林走了，这回只有我和老张统计表格，人手不够。其实，还有一部分没有统计完呢……"

和总"嗯"了一声，接过绩效考核表，看了一下："为什么上个月那么多人请假？我们不是有规定吗，每个部门同时请假的人不准超过 3 名，你看看，财务部一共才 5 个人，上个月 15 号就有 4 个人请假，难道你不知道吗？"

刘经理听了，有些冒汗："这个，是这样的，当时的情况有些特

殊……"

　　和总摆了摆手，接着看表。看到最后，是一张招聘申请和指纹打卡机添置申请。"你刚刚说你们部门缺人手是吧？"刘经理点头说是，最近有些忙不过来，因此才提出来招聘一名文员，协助他工作，还有之前的打卡机有些不太好用，想干脆换一个指纹识别的。

　　和总仍然看着报表，点了好几下头，表示同意，然后把报表给了刘经理，让他整理好再送过来。"和总，打卡机要换吗？"刘经理问。和总低头想了想，说："可以换，我直接和财务打个招呼就可以了。"

　　刘经理出了和总办公室，长出了一口气。可半个月过去了，不见人力资源部的人找他来商量招聘文员的事，也不见有人去买指纹打卡机。刘经理搞不明白：这和总在打什么算盘？他不是明明都答应了吗？

　　在职场中，你有没有遇到过类似的情况，貌似领导总是"出尔反尔"，实际上，真的是这样吗？你真的察言观色，了解了领导真正的态度和想法了吗？恐怕那只是你的一厢情愿罢了。

　　领导们真的如我们所猜测的那般出尔反尔、捉摸不定吗？未必。就如上面的刘经理，倘若仔细观察和总的头部动作，而不是把心思全放在听领导怎么说，从领导的表面动作上，就能了解一些端倪。那么，和总的真正意思又是什么呢？

　　首先说点头的动作。曾经有行为心理学家专门对先天盲、聋、哑的人作过研究，发现他们也用点头表示肯定，最后得出了一个"点头天生论"，甚至在世界上大部分地区，点头的动作都表示"是"的意思，即肯定的态度。但是，倘若在两个人的谈话中，一个人点头过于频繁，比如对于对方的一句话、一个观点，像和总那样，频频点头，超过三次，很可能就不再意味着他同意或赞成这个人的观点，很可能已经暗暗地表示出了他的不耐烦或否定的意味。尤其是当点头的动作与谈话的情节不符的时候，更能说明他根本就没有在认真、专心听你说话，或者他在刻意地隐瞒着什么。因此，对于点头的动作，应该在仔细地察言观色之后再作定论。

另外，再说言行不一的表现。倘若你在征求领导的意见，想知道对方是否同意，比如刘经理问和总的"打卡机要换吗"，一定不要把注意力只放在他说了什么上，还要仔细观察在他回答时，他头部自然流露出来的动作与他的回答是否一致。

当他表示同意你的观点、接受你的建议、答应你的申请时，注意观察他的头部动作，倘若他的同意、接受、答应是发自内心的，也就是说所持的态度是肯定的，他会伴有微微点头的动作，这时候你就可以对他的回答抱以信任。倘若他在肯定地回答你时，没有点头示意，与和总一样"低头想了想"，甚至伴有摇头的迹象，基本上可以判定他是口是心非，那么对他的回答就不要抱有太高的期望了，他的肢体语言已经本能地流露出了他的否定态度。

点头的动作一般是用来表示肯定或者赞成的。由于身体语言是人们的内在情感在无意识情况下的外在反应，因此，当领导怀有积极或者肯定的态度，说话时就会由衷地点头做出一些暗示。

摇头的动作，通常表达"不"的意思。倘若领导对你的意见表示赞同，并且努力想让这种赞同的态度表现得诚实可信，你完全可以观察一下他在说这些话的同时，有没有轻微的摇头动作，倘若他一边说"我非常认同你的看法""这个提案听起来棒极了""我明天就安排人去做"，一边轻轻摇头，那么不管他说得多么真诚，都折射出了他内心的消极态度。倘若你足够聪明的话，最好留个心眼，别天真地信以为真。

说话的时候把头部向一侧倾斜，甚至露出了喉咙和脖子，相比来说，女性比男性更容易摆出这种造型，这是一种让人看起来比较弱小、顺从和缺乏攻击性的行为。倘若你的领导有如此的表现，歪着头、身体前倾、手支撑着脸颊，做思考状，那么你就可以确信你所说的话具有相当的说服力，他已经在认真考虑你的提议了。

有的人在说话的时候，喜欢仰起头。倘若你的领导有这样的头部动作，一定不能掉以轻心。一般来说，仰头暗示着高贵和自命不凡，或者在不自觉地强调某种自身的优越感，这意味着你们之间的对话是不平等的，他可能会对你的提议比较排斥，甚至是轻视。

还有一种情况，就是一个人在听别人说话的时候，会低着头，甚至把手臂交叠放在胸前。这种压低下巴的动作，往往意味着否定、审慎或不接纳，甚至具有一定的攻击性。比如，前面案例中的和总在同意刘经理提出的要求之前"低头想了想"，其实已经是在表示否定了。通常，人们在低着头的时候往往会形成批判性的意见，因此只要你的领导在面对你的时候，不愿意把头抬起来或者向一侧倾斜，那么你就该明白对方不想理会你的提议，最好趁早打消继续说服的念头。

2. 眼睛是心灵之窗，你可知道对方的喜怒哀乐

有一位著名心理学家这样认为：眼睛是了解一个人的最好工具。一个人的语言可以说谎，一个人的穿衣风格可以变化，但眼睛所反映出来的细微差别却是难以隐藏的。不管一个人心里在想什么，他的眼睛都会立刻忠实地告诉别人，他现在想的是什么。在和领导打交道时，倘若你能细心观察他的眼神、目光，就能够洞悉其内心世界。

这种通过眼神、目光深入他人内心的能力是人类独有的。在所有的灵长类动物中，只有人类的眼睛在瞳孔之外还有眼白，生物学上称为巩膜。正是由于巩膜的存在，让人们可以观察到目光的变化，从而帮助人们互相理解和交流。

眼神就是内心活动的一面镜子：为人正直、心胸博大者，眼神明澈、坦荡；为人做作、心胸狭窄者，眼神狡黠、阴险；志怀高远者，眼光坚定；为人轻浮者，眼光游离；善于克己者，眼神内敛；心存贪婪者，眼神赤裸；自信者，眼神坚毅；撒谎者，眼神游移；健康、精力充沛者，眼睛明亮有力、转动灵活、目光清晰；疲惫不堪者，眼睛乏力无味、目光呆滞而混浊；积极乐观者，眼睛充满笑容，善意十足；消极厌世者，眼睛下拉，不善与人眼神相接。

最近，婷娟一天到晚总是显得心事重重、无精打采。24 岁的婷娟，

在一家广告公司做策划。她艺术天分很高，在面试的时候就获得了公司老总的欣赏。平时的她脑子里新点子、新创意总是层出不穷，因此在同事眼中，她就像一颗冉冉升起的新星，等待着星光耀眼的那一天。照这样发展下去，一旦她的天分被充分激活，她在这个行业里将会很有前途。可现在，她丝毫也不敢这么想了。她不断地自怨自艾，在心里哀叹："我怎么搞成这个样子，哎，完蛋了！"

事情是这样的。大约在半个月前，公司接手了一家大型网络游戏公司的推广业务。公司老总对这笔大单极为重视，在公司内部广泛征集策划方案。婷娟觉得自己的机会来了，倘若能够采用自己的方案，随之而来的不仅是薪水的增加，还会有职位的提升。为此，她跃跃欲试。用了一周左右的时间，精心设计了一套自认为很好的方案。

这天公司召开了方案会。公司老总亲自主持，各个部门的领导全员出席。前面有几个人都介绍了自己的方案，看上去老总似乎都不太满意，终于轮到她了。可能是太想成功，或者是因为太紧张了，口才一向不错的她竟然在老总面前，忽然变得笨嘴拙舌，根本表达不清自己的意思。

老总低头看了看她提交上去的方案，然后抬起头，目光友好、坦率，而且带着微笑看着她，眨了眨眼。这一看不要紧，她觉得这是在嘲笑自己无能，顿时脑子里一片空白，更加慌张，把剩下的内容说得七零八落。

事实正如婷娟事后所料，她的方案果然没有被采用。她感到无比懊恼，觉得自己的完美形象全然被摧毁了。这之后，只要遇到老总，她再也不敢正视老总的眼睛，总是躲躲闪闪的。公司的例会，她总是找借口不参加，就算参加，也只是躲在角落里。

很多时候人们都会主观臆断，然后妄自菲薄，会因为过度紧张和敏感而把别人的积极态度理解成别的意思。比如婷娟，她真的理解了老总眼中的深意了吗？

以上文中公司老总为例，他在与婷娟的交流中，"目光友好而坦率"，而且"带着微笑""眨了眨眼"，这表明他很欣赏婷娟的能力，婷娟的方案令他十分高兴，他原本想通过自己的眼神和微笑鼓励婷娟继续说下去。然而婷娟却误解了其中的深意，以为老总盯着自己，是在审视自己、怀疑自己，还把老总的微笑理解为嘲笑，并由此导致了一系列不自信的行为，进而变得消极、悲观。

在和上司的交往中，对他的言语、表情、手势、动作以及看似不经意的行为有较为敏锐、细致的观察，是把握其真正意图的先决条件，如此准确地测得"风向"才能适时"见风使舵"。如果你想有意地、主动地从眼神中透视领导的心态，就必须掌握一些技巧：

（1）眼角微皱。心理学家发现，人们在由衷地高兴时，眼角会出现皱纹（鱼尾纹）。而"社交礼貌式"微笑往往只涉及唇部动作，属于假笑。

（2）目光躲闪。在谈话中回避目光接触，常被视为不真诚或不值得信赖。然而，心理学研究表明，不诚实的人目光接触反而更多。目光接触少或者没有目光接触，可能是害羞、紧张或无聊等多种心理活动的表现。

（3）直视对方。"交谈时双眼直视对方"所传递的信息包括：双方在一起很放松、很自信，而且对谈话很专注。因此，保持目光接触可留下良好的第一印象。

（4）长时"闭"眼。长时间闭目养神、遮住双眼和耷拉眼皮的心理潜台词是"我根本不想听到这件事"。比如，老板要求员工加班，员工可能会边揉眼睛边回答"没问题"。事实是，他根本就无法高兴起来。

（5）频繁眨眼。心理学家和体态专家已经发现，紧张或困惑会导致眨眼频率增加。当人们撒谎或感觉压力大时，也可能不知不觉地频繁眨眼。

（6）眼皮下垂。"不怎么眨眼"或"一脸茫然"说明当事人没有用心听你讲话。厌倦时的体态语还包括：反复抠手指、打哈欠、看表等。

（7）眼珠乱转。眼睛左右转动或者向下看，通常表明"正在处理信息"。这样的眼神在求职中应尽量避免，否则容易被误解为"缺乏诚意"或"试图掩盖某种事实"。

（8）眯眼。眯眼可准确显示不适、压力、评判、甚至愤怒。听话后的眯眼表情通常表明对所听内容产生怀疑、持不同意观点或没有充分理解。

（9）瞪大双眼。当人们对某人或某物感兴趣时，瞳孔会放大。

（10）眼睛发亮。多项研究表明，眼睛里的光会随情绪的变化而发生改变。因此，高兴时，眼睛会发光；悲伤抑郁时，眼光也会暗淡。

3. 手势都含有意思，你能从中看懂对方的心思

手势是指人类用语言中枢建立起来的一套用手掌和手指位置、形状的特定语言系统。手势是人体语言中最丰富、最有表现力的体态语言。在日常生活中，人们借助各种手势来表达个人思想和感情。适当地运用手势语，既可增加表达的形象性，又能增强感情的表达。

一个销售季度过去了，总经理组织销售部门全体职员开会。一开始，总经理总结了上个季度公司的销售业绩和销售利润情况，对销售部上个季度取得的成绩给予了高度表扬，还当场给"销售冠军"发放了奖金。

这些仪式过了，总经理定了定神，稳稳地坐在主席台中央，十根手指交叉钳在一起，放在了桌子上，表情看上去有些严肃："当然了，虽然我们在销售上取得了一定的成绩，但是也要看到一些不足。比如说，这个销售季度仅仅前两个月的差旅费就超出了预算，相比同期，增加了40%多，以后应该注意控制一下。还有，虽然我们的销售额很高，但利润下降了三个百分点，据我了解，是有个别人私自给客户打了过低的折扣，我希望这种事情以后不要再发生。下一个销售季度，我希望通过我们的努力能够把这个销售季度的损失弥补回来……"

销售主管一边听，一边心里合计着下个季度怎么提高销售额，并迅

速拟订了一个新的营销计划，会后交给了总经理。总经理看了一下，表示满意。

一转眼又过了一个销售季度。这次的销售利润大幅度上升，不仅弥补了上个销售季度的损失，还超额完成了任务。但差旅费不仅没有得到控制，反而水涨船高地又超出 10% 的预算。当销售主管把报表递交上去的时候，总经理又摆出了上次开会的姿势，脸上表情很僵硬，两手的十个手指死死地钳在一起："这个差旅费的事情是怎么搞的，这么点小事你都管不住吗！从下个月起，取消差旅补贴！你出去吧。"

销售主管一边走一边想：总经理这是怎么了？以前我们差旅费经常超支，他也从来没有说过什么，为什么今天发这么大火呢？不要对上司暴风骤雨一般的批评感到"丈二和尚摸不着头脑"，怪上司不近人情，怪只怪你平时只用耳朵听上司说了什么，没有用心观察上司的体态语言流露出来的真实想法。比如总经理所做的手势，你知道代表什么含义吗？

心理学家研究发现，与说话相比，手势能携带更多的信息，传递更为丰富和精准的情绪体验。而且，与口头语言相比，手势更难"造假"，人们可能一张嘴就是谎言，但一个人即使再怎么极力掩饰，他的手势也会悄悄地泄露他的内心情感和心理状态。就像有人曾说的那样："没有一个凡人能不泄露私情。即使他的嘴唇保持沉默，但他的指尖会喋喋不休地泄露天机。"

那位总经理所摆的姿势，是典型的交叉型手势，就是一种将两手的十根手指相互钳住的动作。倘若再加上僵硬或严肃的表情，往往表明这是一种受挫的姿势，表示这个人正在压制某种负面的态度。很显然，在上一次的销售会议上，总经理已经在表达自己的不满了，但销售主管没有注意到，到下一个销售季度的时候，总经理的怒火已经累积到了一个极限，是一次总爆发，怪就怪销售主管没看懂总经理的"手语"。

当然了，这种十指交叉的姿势，倘若配上满脸的微笑和两个拇指相互摩擦的动作，表示的意思就大不相同了，它表示这个人胸有成竹，非常有信心，这时候这种姿势就成了一种积极、正向的身体语言了。

一些研究认为，手势能够有效地反映情绪。当一个人情绪非常饱满，想要传达的信息非常强烈时，口头语言本身已经不足以携带全部的信息时，手势就能很好地帮助他传递这些信息，甚至说到慷慨激昂的时候，人们会挥舞手臂；义愤填膺的时候，人们会攥紧拳头。因此，可以说，手是人的第二张脸。交谈时，使用频率最高，形式变换最多，最有表现力、感染力、吸引力的，就是手势语言。

从生理学的角度上来说，当一个人产生一定的情绪体验时，身体的交感与副交感神经系统都会随之发生变化，引发激素水平发生相应的变化，从而引起躯体产生细微的、不自主的运动。

手势语是一种表现力极强的体态语，它能够弥补口头语和表情语表达的不足。它具有描绘事物、传递心声、披露感情、加强口头语言力度和组织指挥等功能。在和领导沟通交流的时候，只要对他的手部动作稍加观察，就能明了他的观点和态度。

有些上司特别喜欢在说话的时候将手背到身后握在一起，并伴有抬头挺胸、下巴微微扬起的动作，特别是在检查工作或面对下属的时候。这种姿势不管从哪个角度看，都能给人营造一种权威、自信的感觉。这是因为这一姿势总是与权威、信心和力量相伴。

但是背在身后的双手，一只手抓住了另一只手的手腕，这个动作表示他内心充满了挫败感或愤怒情绪，希望能够借此动作来找回自控权。而且握住另一只手的那只手抓握的位置越高，表明他心中的挫败感或愤怒情绪就越强烈。

一些人喜欢在说话的时候搓手掌，心理学家研究发现，两个手掌摩擦传达的是一种美好的希望，比如领导在宣布年度销售业绩突破几百万大关的时候，往往会不自觉地搓搓手掌，这代表了他发自内心的喜悦。还有一种情况，倘若人们对一件事情犹豫不决时，也会互搓双手，只要你站在上司的角度略加思考就能清楚不同情境下搓手代表的不同含义。

很多人在听别人说话的时候喜欢一只手托着腮，这种动作其实是一种替代行为——用自己的手代替母亲或是情人的手，来拥抱自己、安慰自己。这种姿势一般在心中不满、心事重重的人身上出现，借此填补心中的空虚与不安。倘若你发现和你说话的领导，托着腮听你说话，往往表示他觉得话题很无趣，你的谈话内容无法吸引他，或者他正在思考自己的事情，希望你听他说话。

有一种人，说话的时候总是比手画脚的，甚至打电话的时候都会如此，而且动作幅度大，行为夸张，这种人通常感情丰富，心中有事不吐不快，总是急于表达自己的情感，宣泄自己的情绪，是那种个性比较强的人。他们工作能力强，对自己想说的话、想做的事都能通过流畅的表达，轻松地传达给别人，办事的成功率比较高，能够带动他人和自己一起往前冲，是创造活跃气氛、让大家团结一致的高手。

竖起拇指通常被看成高度自信的非语言信号。当一个人将拇指高高竖起时，表明他对自己的评价很高，或是对自己的思想或现状非常自信。通过这个动作，你能有效评估你的上司的状态——是自我感觉良好，还是在苦苦挣扎。

张开的手掌代表真实、诚实、忠诚和顺从。因此，要想了解领导的态度是否坦诚，只要看看他的手掌就行了。当他想表示自己的坦率和诚实时，会把一个手掌或两个手掌向对方摊开，这往往是一种下意识的动作，能够表明他对你是完全开诚布公的。

4. 听说话声音的大小，就能知道对方的个性

《礼记·乐记》中曾这样说："凡音之起，由人心生也。人心之动，物使之然也。感于物而动，故形于声。声相应，故生变。"对于一种事物由感而生，必然表现在声音上。人的声音随内心世界的变化而变化，我们因此可以通过"声"和"音"来识人。

一个人说话的语速语调能够反映出他的心理成熟的程度。语速声调适中的人多为聪明稳重成熟型；语速声调都高的人，说话就像打机关枪，一阵紧似一阵，容不得旁人有插嘴的机会，多数属于热情外向，性格偏于张扬或浮躁的人。

低沉慢速的说话一般都是用脑用心在说话，高速高调的说话一般是嘴比脑子快的说话或是在倾倒肚里存货。

"声音"给对方留下最深的第一印象。有些人的声音轻缓柔和，有些人的声音带有沉重威严感。人们往往根据声音所获得的印象去识人。

声音的确会表现性格、人品，有时也是预测个人前途的线索。从脸部表情、动作、言辞而无法掌握心态时，往往可从声调去揣摩对方的喜怒哀乐等情绪变化。

（1）小声说话的人

这类人缺乏自信，大多属于小人型的人。他们城府很深，非常阴

超级沟通心理学

险，没有气度，有时甚至可以为一些微不足道的小事与他人争吵，甚至会与对方绝交。与这种人交往时，假如你随便和他们开玩笑，他们可能就会与你翻脸。另外，这类人是很有心计、善于运用谋略做事的人，不管做什么事情他都要做成功，甚至可以不择手段。倘若你想从他们的嘴里套出一些秘密，那是很难的事情，甚至是不可能的。在待人方面，他们绝对不会流露出真心，喜欢用势利眼看人，也正是如此，他们常常会受到人的唾弃。所以这类人事业上很少会有很大的成就，就因为他们根本没有任何朋友。

（2）大声说话的人

这种人是属于明朗、爽快之人，待人真诚。他们从不说假话，有什么说什么，但也正是由于说话直来直去，常常在无意中得罪人。虽然他们也意识到了这点，但是不会因此而改变自己的说话方式。另外，他们人品正直，做事光明磊落，偷偷摸摸做事不是他们的风格。他们组织能力强，有责任心，值得信赖，因此，特别适合领导者的职务。倘若他们有幸走上领导的位置，必定会将自己的才能发挥到极致，从而使事业蒸蒸日上。

（3）讲话声音突然变得很小的人

这类人的性格受心情起伏的影响很大，假如遇到不愉快的事情，心理承受能力很差，也是一种严重缺乏自信心的表现，或许是由于思绪混乱所导致的。倘若在谈到某个话题时，觉得自己没有能力办到，说话声音就会突然变小，以此来掩盖自己。

（4）讲话声音突然变得很大的人

这类人不管在说话还是在做事的时候很有耐心，善于思考，无论对方在说些什么，他们都会认真仔细地听，边听边思考，倘若中间听到某些问题是自己不知道的，便会随时提出疑问，倘若突然说话声音变得很大，则表明他又发现了一个新的问题，并且对这个问题还有很大的把握。但是这类人也有些固执、执着，一旦他们提出某一观念而你没有按照他们的思路去做，那么可能就会发生一场争论。所以这类人在工作上十分认真，一旦确定好的事情，便会毫不犹豫地去完成。

（5）说话时高声尖叫的人

说话时高声尖叫的人，是理论家，当他们慷慨激昂时，容易有歇斯底里的现象发生，这种人最大的特点就是爱炫耀，虚荣心很强。他们对自己的一切都非常在意，希望他人无时无刻都注意自己，因为这类人希望自己留给别人的印象永远是最美好的。他们缺乏诚实感，处事的动机便会不纯，因此他们也常常会一无所获。

（6）拥有男高音的人

讲话声音很高的男性，一般都是外向性格的人。这种性格的人说话往往速度很快，但言语流畅，声音的顿挫富于变化，并且能言善辩，凡是他们想到的事情，就会毫不考虑地说出来，甚至有时在与人交谈时会把对方的话突然打断，为了达到全面实现自己主张的目的。

这种性格的人在与人见面时，只要彼此开始交谈，就可以使他的性格更加明显地突显出来。因此，当双方话说到投机时，就会源源不断地涌现出新的话题，或许有时话题会变得支离破碎、跑题，他们还是会说个没完。因为对于这种人来说，"开讲"本身就是一件很有趣的事情。

（7）拥有男中音的人

拥有男中音的人个性比较冷酷，属于慎重的实务型人。实质上他们是很理智的人，在处理事情上，他们总是会十分冷静地来看待。他们的自我保护意识很强，有敏锐的洞察能力。但是这也使得他们变得不够热情，对身边的人和事都不太投入和重视，总是抱着一副无所谓的态度。并且，虽然他们不容易被他人迷惑，但是相应地也比较难向他人敞开心扉。这种人总是会注意到一些细微的地方，不会意气用事，也同样不会让自己的冷漠表现出来，在他人眼里这种类型的人是较为容易相处的人。

（8）拥有男低音的人

拥有男低音的人个性比较内向，他们处事清晰明朗，虽然不太具有男子气概，但十分诚实，不会拉帮结派。

他们在与人交往时，喜欢在无意识之中与他人保持一定的距离，并且还会运用自闭式的姿势，在他们心里，不希望对方知道他们的心事，也不希望初次见面就让人一眼看穿。显然，也就不会随心所欲地畅谈了。

拥有男低音的人说话的节奏会极其缓慢，平铺直叙，很少会表现出抑扬顿挫的声调变化，与人交谈时一直都会保持一定的语气与异常冷静的态度，当对方提出不相同的观点时，他们不会立马以拒绝的方式回答他人，他们一直会给人一种考虑很周到和用词很恰当的感觉。他们是典型的善于言谈的内向型的人，既不会盲目下结论，也不会以命令的口气来强迫他人同意自己的观点。

拥有男低音的人对人的防范心固然很强，但其内心非常温和，为了避免自己的发言不伤害到别人，说话之前总是会考虑再三，然后再说，同时又担心自己发表的意见导致自己与他人对立。

5. 站姿发射心理信号，看人站相能洞察其心理

中国作为一个礼仪之邦，一直以来都非常重视外在的形象。所谓行如风、站如松、坐如钟、卧如弓。这些都是总结性的标准。而在现代的心理学中一个人外在的形象，甚至是一个小小的站姿就可能透露出一个人的个性与心理。

（1）将双手插入口袋

小心这样的人，他们一般不流露自己的心思、暗中策划事情；如若同时弯腰弓背，可能说明事业或生活中出现了不顺心的事。

（2）单腿直立，另一腿或弯曲、或交叉、或斜置于一侧

这样的人此时心里是持保留态度或轻微拒绝的意思，也可能是感到拘束和缺乏信心的表示。

（3）两手叉腰而立

这是很有自信心和心理上优势的表示。如若加上双脚分开比肩宽，整个躯体显得膨胀，往往存在着潜在的进攻性。如若加之脚尖拍打地面的动作，则暗示着领导力和权威。

（4）挺胸收腹、双目平视

这样的人充满了自信，或者十分注意个人形象，或此时心情十分乐观愉快。

（5）含胸、背部微驼

很多女孩子在青春期发育时对身体的变化没有树立健康积极的认识，很容易表现出这种站相。这样的人往往缺乏自信，倘若是女孩子，则是很单纯的类型，需要加强保护或积极引导。

（6）双脚并拢，双手交叉站立

这种人看起来缺乏进取心，并拢的双脚表示谨小慎微、追求完美。但往往韧性非常强，是属于平静而顽强的人。

（7）双脚成内八字状

这是大多数女性的站姿，有软化态度的意味。不少女性在担忧自己显得支配欲和好胜心太强时，往往采取这种站姿。

（8）喜欢倚靠站立，不是靠墙，就是靠着人

这样的人比较坦白，容易接纳别人。不好的方面就是缺乏独立性，总喜欢走捷径。

（9）背手站立

背手暗含有"不想把手弄脏，所以把它搁置一边"的意思。这样的人通常是自信心极强的人，喜欢控制和把握局势，或自恃是居高临下的强者。假如一只手从抓住另一只手的手臂，则可能是在压抑自己的愤怒或其他负面情绪。

（10）遮羞式站立

手有意无意遮住裆部，这一般是男性采取的动作。遮住要害部位，是一种防御性动作，说明心里十分忐忑，准备遭受批评和不赞同。

当然，我们必须纠正一些毁灭自身形态的错误站次姿。

错误站姿一：

屁股特别用力。很多女孩想要营造翘臀感，所以屁股特别用力，这样会造成尾椎的压力，也会使体态不够自然。

错误站姿二：

有些女孩喜欢背大大的单肩包，包包的重量也非常惊人。渐渐就会形成耸肩的习惯。耸肩造成左右肩不平衡的姿态也是不好看的。

错误站姿三：

弯腰驼背，下巴突出是最常见的错误站姿。这个姿势很容易看到，有些人因为睡过高枕头导致脊椎往前，看起来就像鸵鸟。而有些人因为对电脑时习惯了伸长脖子，也会导致他们下巴突出。

6. 坐姿里面也有乾坤，看坐姿能洞察对方内心

俗话说："站如松，坐如钟。"一个有远见的人一定要讲究坐姿，良好的坐姿是给别人留下好印象的关键要素之一。在他人面前，要表现出自己的成熟庄重，有意识地控制日常生活中的一些不雅动作和不良习惯，以免因为那些不雅坐姿让自己错失良机。

学会计出身的小芳有一个不太好的习惯——只要一坐下就会跷起腿抖脚，而且越抖越厉害，用别人的话来说，在桌子上放一杯水，只要她一抖脚，五分钟不到，杯子里一滴水都不会剩下。朋友和她说了好几次，她总是不以为然，终于在一次面试的时候吃了亏。

一家公司招聘财务助理，她去面试，觉得那简直就是十拿九稳的事情，可是没想到竟然惹了一肚子气回来。负责面试的是一个四五十岁的中年男子——财务总监，一开始他对小芳特别客气，热情地接待她，还给她倒水。

小芳一坐下，老毛病就犯了。财务总监觉得小芳总是在动，开始也没有注意到这一点，仔细一看才知道小芳在抖脚，当时就一皱眉。他估计小芳可能一会儿会停下来，强忍着不去看，继续面试。可眼睛老是不由自主地转向小芳的脚，终于，财务总监受不了了，暂停了面试，出去喝了杯水。回来一看，小芳还是我行我素地抖着脚。

又谈了一会儿，财务总监竟然直言不讳地要求小芳不要抖脚，小芳马上就跟对方理论了起来。财务总监一点也不客气："拿好你的东西，你可以走了。"小芳也不示弱："走就走，破地方，谁稀罕啊！"气鼓鼓地离开了。

抖脚这个小毛病，任何人见了都会心烦，你有没有类似的习惯性不雅坐姿呢？倘若有，趁早改掉，千万别让它破坏你在面试时候的整体形象。

基本上，所有的公司在招聘面试的时候都会采取面对面的座谈形式，面试时间从十几分钟到几十分钟不等，坐的时间长了，渐渐地就会感觉到不舒服，会产生一些生理方面的变化，随后心理状态也会发生变化——自制力减退，注意力分散，坐姿会不自觉地发生改变，跷腿、抖脚、踏地面，甚至玩弄衣带、烟盒、笔、名片、纸巾等一些令人反感的小动作也会随之出现。

这些动作，会颠覆之前给面试官营造的有教养、有知识、有礼貌的印象，显得你不成熟、不庄重。比如，小芳面试的时候在财务总监面前抖脚，也许她认为这根本就是一件无足轻重的事，只要自己愿意谁都管不着，但是别人会被抖得心烦意乱，比如财务总监很可能会觉得她这个人品行轻浮、不够稳重，完全不能胜任财务助理这个职位。抖脚这个动作确实是一种不耐烦或者对别人不尊重的表现，甚至在一些人眼里这是一种没有素养的行为。

倘若你在面试官面前有类似的行为，他给你的总体印象分，一定会大打折扣，甚至会对自己原来已经做出的决定重新考虑。

为什么一个人的坐姿好坏会产生如此巨大的影响呢？这是因为坐姿是人向外界传达内心思想感情的重要方式之一。仔细观察和体会一个人的坐姿，可以了解和认识这个人。在面试的时候，正确、优雅的坐姿，不仅能够传递出自信、友好、热情的正面信息，还能显示出高雅、庄重的良好风范。反之亦然。

那么，在这方面我们应该注意哪些问题呢？

（1）注意坐的位置

有两种比较极端的坐姿是特别应该避免的：一是紧贴着椅背坐，那样会显得太放松；二是只坐在椅边，那样会显得太紧张。落座之后，最好的位置是坐满座位的三分之二，这样，既能说明你坐得稳当、自信满满，不会因为稍向前倾就失去重心一头栽下去，还能说明你没有过于放松，把面试地点当成茶楼酒肆。

（2）注意上身姿势

要保持头部端正，不要仰头、低头、歪头、扭头。要保持身体直立、端正。双手可以各自扶在一条腿上，或者双手叠放，或相握放在自己一条腿上，也可以放在皮包或文件上，双手也可以放在身前桌子上，双手平扶桌沿或是双手相握置于桌上，或者你也可以把手放在椅子两侧的扶手上。

（3）注意下肢的姿势

最好避免正襟危坐，那样会让气氛比较僵硬，你可以采用垂腿开膝式、双脚内收式、双脚交叉式"摆放"你的双腿，如果是女士可以采取前伸后曲式、双腿叠放式、双腿斜放式等既保险又美观的方式。

坐下之后，为了保持美观，显得大方、得体，不要让双腿叉开过大，或直伸出去，不要抖脚，不要把脚尖指向面试官，上身不要趴在桌子上，双手不要抱在腿上，这样会显得过于随意、懒散、不礼貌。在面试的时候，你可以架腿，但一定要使两腿并拢才行。

7. 观察眉毛的高低起伏，其内心能看得清清楚楚

　　心理学家发现，眉毛可有 20 多种动态，分别表示不同感情。汉语中形容眉目的常用词语有："柳眉倒竖"（发怒），"横眉冷对"（轻蔑、敌意），"挤眉弄眼"（戏谑），"低眉顺眼"（顺从）。宋代词人周邦彦有一句词："一段伤春，都在眉间。"这样说是因为一个人眉间的肌肉皱纹较为典型地体现出他的焦虑和忧郁，即眉头紧锁，而一旦眉间放开、舒展，则是心情变得轻松明朗的标志。

　　皱眉所代表的心情有很多种，例如，惊奇、诧异、快乐、怀疑、否定、无知、傲慢、希望、疑惑、不了解、愤怒和恐惧。

　　一个深皱眉头的人，基本上是想逃离他目前处境的人，却因某些原因不能如此。一个大笑而皱眉的人，其实心中也有轻微的惊讶成分。

　　两条眉毛一条降低、一条上扬，它所传达的信息介于扬眉与低眉之间，半边脸显得激越、半边脸显得恐惧。眉毛斜挑的人，通常处于怀疑状态，扬起的那条眉毛就像是一个问号。

　　眉毛打结，指眉毛同时上扬及相互趋近，和眉毛斜挑一样。这种表情通常表示严重的烦恼和忧郁，有些慢性疼痛的患者也会如此。剧痛产生的是低眉而面孔扭曲的反应，较和缓的慢性疼痛才产生眉毛打结的现象。

在某些情况下，眉毛的内侧端会抬得比外侧端高，而成吊梢眉似的夸张表情，倘若心中没有巨大的悲伤，是很难勉强做到的。眉毛先上扬，然后在几分之一秒内再下降，这种向上闪动的迅捷动作，是看到其他人出现时友善的表示。它通常会伴着扬头和微笑。眉毛闪动也经常出现于一般对话里，作为加强语气之用。每当说话时要强调某一个字，眉毛就会扬起并瞬间落下，像是不断在强调："我说的都是很有趣的事情！"眉毛连闪，是表示"哈罗！"连续连闪就等于在说："哈罗！哈罗！哈罗！"假如前者是说："看到你我真高兴！"那么后者就在说："我真是太意外、太高兴！"耸眉亦可见于某些人说话时。人在热烈谈话时，都会重复做一些小动作以强调他所说的话，大多数人讲到要点时，会不断耸起眉毛，那些习惯性的抱怨者絮絮叨叨时就会这样。

眉毛的变化丰富多彩，与眉毛相关的动作主要有以下 13 种：

（1）单眉上扬：表示不理解、有疑问。

（2）双眉上扬：表示非常欣喜或极度惊讶。

（3）皱起眉头：要么是陷入困境，要么是拒绝、不赞成。

（4）眉毛迅速上下活动：说明心情愉快，内心赞同或对你表示亲切。

（5）眉毛倒竖：说明对方极端愤怒或异常气恼。

（6）眉毛半抬高：表示大吃一惊。

（7）眉毛完全抬高：表示难以置信。

（8）眉毛正常：表示不作评论。

（9）眉毛放低：表示大惑不解。

（10）眉毛全部降下：表示怒不可遏。

（11）眉头紧锁：表明这是个内心忧虑过多或犹豫不决的人。

（12）眉梢上扬：表明这是个喜形于色的人。

（13）眉梢舒展：表明其人心情坦然、愉快。

8. 腰部会"说话"，读懂了"腰语"就懂得了他

有时人们为了表露自己内心的真实想法，常常会借助腰部动作这一无声的语言来展现，从而达到交流的目的。这时就需要我们心领神会地理解对方的腰语。

（1）弯腰

人在鞠躬、点头时都会下意识地弯腰，把腰的位置放低，与此同时精神状态也随之"低"下来。

向人鞠躬，可以表现这个人态度谦逊，也可以表明他心里自觉不如对方，甚至惧怕对方时，就会不自觉地采取弯腰的姿势，以及表达他的诚服之心。

"谦逊"再跨一步，即成服从、屈从，心理上的服从与屈从反映在身体上就是一系列在居于强势的个体面前把腰部放低的动作，如蹲、揖、跪、伏、叩拜等。弯腰、鞠躬、作揖、跪拜等动作除了礼仪的意义之外，都是服从或屈从对方，压抑自己情绪的表现。

对于女性而言，有时候弯腰还会别有一番风味，她们在弯腰时所形成的曲线是柔美的、温顺的、流畅的，从而能够给人造成一种舒适的视觉效果。

（2）挺腰

这个动作可以反映出一个人充满自信，情绪高昂。用力挺直身体，使身体增高（同时也可提高一些腰部的位置），这是进行恐吓，表示他对来自各种方式的挑战充满信心，力图造成一种视觉强势压倒对方。经常挺直腰板站立、行走或坐下的人往往比较自信，且有自制和自律的能力，但可能缺乏精神上的弹性，原则有余而灵活不足。

对女性而言，她们的这一动作要显得微妙得多。倘若女人坐在沙发里，用仰腰的姿势对着异性，代表她对眼前的这个男人绝对信任，绝对尊重，她觉得他不会给自己带来伤害。

（3）浅坐高腰

始终浅坐在椅子上腰部挺直的人流露出自己心理上的劣势，和缺乏精神上的安全感。身体尤其是手、脚等防卫性很强的部分，好像随时处于一种紧急情况下的"备战"状态。

（4）深坐低腰

表示眼前的情况并不会引起他的紧张，没有必要立即站起来，精神上处于放松状态。深坐也是向对方表现他在心理上的优势，有泰然处之的意思。

（5）屈蹲低腰

这种动作代表了完全的防卫和服从。表明他处于绝对被动或消极状态，有时也可理解为隐藏着攻击欲望的防卫性姿势。

（6）叉腰

将两手放在自己的腰上，一副胸有成竹的样子，好像对自己面临的事已做好精神上的准备，或采用行动的准备，并有一种前瞻性的自豪感。手放腰间，两只拇指露在外面，更流露出强烈的优越感或支配欲。

对大多数女性而言，这有可能是她们一种双向的对外扩张，表示出内心的愤怒和力量。

（7）倒叉腰

即两手的拇指呈倒八字插入裤腰部位，充分流露出他十足的优越感外，还有对异性吸引的心理倾向。

9. 腿是"不会发声的嘴"，透露的都是最独特的信息

有心理学家这样认为，人体中越是远离大脑部位的动作，越可能表达其内心的其实感情。从脸往下看，手位于人体的中间偏下部位，诚实度可以算中等。经过大量的研究发现：人们或多或少在利用手来说谎。脚离大脑的距离最远，相比之下的腿部要比其他部位"诚实"得多，因此腿的动作能够泄露人们独特的心理信息。

（1）腿部十字交叉

十字形腿交叉姿势，是把一条腿的小腿放在另一条腿的大腿上。通常情况下，这种人具有进攻性及强烈的竞争欲望。时常还拌有抖动的腿，这流露出他对别人的不服气。十字形腿暗示着一种挑战。他在心里可能会这么说："表现太一般了！"

倘若对方采用十字形腿的姿势，同时，还将手搭在脚踝上或腿上，那么，就形成了十字形腿夹，由此你可以明白他是个固执己见、顽固不化之人。而且他主意已定，决不会轻易更改。同这样的人打交道，你最好先问他需要喝点什么，是啤酒还是可乐，以改变他的姿势，然后再进入正题。

（2）腿部标准交叉

标准的腿交叉姿势，就是一条腿搭在另一条腿上，小腿下垂。这种

姿势表示一个人在自我安全感十足的防卫状态下，带有攻击的倾向，甚至是带有敌对的心理。比如在会议上，领导颁布了关于公司奖惩方面的一些规定，其中就有人采用这种姿势，低着头貌似认真研读，实际上他可能正在想方设法地钻漏洞，等规定一宣读完，他便可能立即放下手中的文件，提出几点不同的意见。

（3）叉腿搂头而坐

双手交叉，从脑后搂住头，双腿交叉，身体向后仰，展示出这种腿姿的人充分流露他的优势地位或优越感。倘若两个能力不相上下的人都采用这样的腿部姿势，表现出"我一点都不比你差"的情绪。这可以反映出他们不是在某一方面有专长，就是有权威。

倘若将这种腿姿简化，他们在就座时，两手从脑后搂住头，将两条腿向前伸出，踝部交叉，或将两腿放在办公桌上，踝部交叉。这可以流露出他有强烈的占有欲，意思是说"我有这个地方的领域权"，而且要求受到绝对尊重。他在相应层面必定处于领导地位，这也是他无所顾忌的主要原因。

（4）别脚

别脚的姿态女性居多。这种姿势是把一只脚别在另一条腿的某个部位。害羞中透出胆怯的妩媚与纯真。作为男士，你要赢得"芳心"要从改变她的姿势开始，在距她远一些的地方递给她画片、书或别的什么，让她走过来接，这样，就改变了原来害羞的姿势。让她有选择的余地和绝对的安全感，从而缓解其内心的紧张感。从另一个角度讲，害羞并非缺点，但在工作和人际交往之中，应该尽量消除羞怯感，变得热情、大方、随和一些，以便工作或情感顺利地开展。

（5）单腿倾跨

落座时，一条腿跨在椅子扶手上，脚跷起，一副毫不在意的样子。这种人喜欢孤芳自赏，性格孤僻，不够合群。自然，这样的坐姿传达给别人的信号不是积极的，他往往有一种被排斥的倾向。倘若再加上低垂的头，更令人无法接近，也谈不上有合作的意向。倘若一个领导在他的办公室里采用这样的坐姿，则是一种权威的表示，表示你的一切都在他的控制之下，他有绝对优势。

（6）双腿骑椅

将椅背朝向自己，双腿分开跨坐在椅子上，常常伴以交叉的手臂。跨椅而坐常常给人一种不驯、随便的感觉。跨骑椅子，代表一种显示优越地位和对你的观点有审视的倾向。倘若从礼节上讲，这种姿势是一种不友好、不礼貌的表示，是一种处事漠然与消极的信号。同他打交道要特别留心，要从改变他的坐姿入手。比如，不妨边谈边很自然地站起来，慢慢地踱到他的背后，同他对话，使他不得不掉转身体，改变原来的姿势；或者你选择一个更高的位置，形成一种居高临下的气势，这对他扬扬自得的优越心态无疑是一种威胁，从而迫使他改变原来的坐姿。

第三章

你的礼貌，让你的形象值百万

礼貌不仅是一个人的基本修养，还是说服不可或缺的伙伴。我们要说服他人，必须要掌握恰如其分的礼貌。因此，我们在与人交往的过程中，任何时候都不能忽略礼貌的作用，因为礼貌对人的形象有巨大影响。

1. 正确称呼一声，一开口便赢得对方的心

人际交往中，如何恰当地称呼别人，这是构建和谐人际关系的重要细节，也是尊重别人的具体体现。懂得恰当称呼别人的人，才会让人喜欢。如何称呼别人，是非常有讲究的一件事。用得好，可以使对方感到亲切，给别人留下一个良好的印象。反之，如果称呼不得体，往往会引起对方的不快，甚至恼怒，使双方的交流陷入尴尬的境地，导致交流不畅，甚至中断。

称呼他人是一门极为重要的艺术，若称呼不妥当很容易让他人产生反感，甚至记恨在心，久久无法释怀。相反，如果称呼得当，那么对拉近相互之间的心理距离，改进人际关系有很大的帮助。

小玲进入单位的第一天，领导带她认识部门同事时，她非常恭敬地称对方为老师，不少同事欣然接受。当领导带她来到一个女同事前，告诉小玲将跟着这位女同事先试用时，小玲更加恭敬地叫了一声老师。这位女同事连忙摇头："大家是同事，你可别叫我老师，直接叫我名字就可以了。"听女同事这么说，小玲不知道说什么好。

人在职场，同事和上司是职场环境的重要组成部分。不同的职场称呼可以反映出职场关系的亲疏、职场环境的优劣，甚至可以从中大致了解一家公司的企业文化和人际关系现状。该如何称呼同事和上司，很多

超级沟通心理学

职场中人都琢磨过。称呼得妥帖，不仅可以处理好与同事、上司之间的关系，而且可以为自己赢得不少印象分，为职场发展营造一个好的环境。反之，则可能产生不快，为人际关系设障。

王小姐是电脑城的一个小职员，去年刚刚毕业。去年应聘时，由于她在考官面前太过紧张，有些发挥失常，就在她从考官眼中看出拒绝的意思而心灰意冷时，一位中年男士走进了办公室和考官耳语了几句。在他离开时，她听到人事主管小声说了句"经理慢走"。那位男士离开时从王小姐身边经过，给了她一个善意鼓励的眼神，王小姐忙起身，毕恭毕敬地对他说："经理您好，您慢走！"后来王小姐顺利地得到了这份工作。人事主管告诉她，本来根据她那天的表现，是打算刷掉她的。但就是因为她对经理那句礼貌的称呼，让人事部门觉得她对行政客服工作还是能够胜任的，所以对她的印象有所改观，给了她这份工作。

可见一个正确的称呼对自己的职场生涯有多么重要。

职场新人在上班之前，应该对企业文化有一个全面的了解。不同的企业有不同的称呼，在这个企业可以这么称呼，在另外一个企业也许就行不通。同事之间的称呼是企业文化的一种外在体现，一个企业以什么类型的称呼为主，与企业管理者的风格、个性有紧密关系。把握准企业文化，称呼就不容易弄错。

既然称呼如此重要，那么在交往当中就要注意慎重地选择称呼。一个会说话的人，在对别人的称呼上是绝对不能马虎的，总结起来，有以下几个原则：

（1）要看对方年龄

老话说得好："逢人短命，遇货添钱。"意思是说，人家的年龄，要少说三五岁，人家的东西，要往贵了说。如今的老年人都有一种不服老的心理，其中女性尤甚，能喊"阿姨"的就别喊"奶奶"。

另外，还需注意，看年龄称呼人，要力求准确，否则会闹笑话。比如，看到一位 20 多岁的妇女就称"大嫂"，可实际上人家还没结婚，这就会使人家不高兴。如果对方不是年轻的小姑娘，而你又实在不能判定对方有没有结婚，就喊对方"女士"。

（2）要考虑自己与对方的亲疏关系

在称呼别人的时候，还要考虑自己与对方之间关系的亲疏远近。比如，对你的好朋友或关系较好的同事，直呼其名更显得亲密无间，欢快自然。若是你见了多年未见的姐妹，直喊"女士"反而会把关系疏远。当然，为了打趣故作"正经"，开个玩笑，也是可以的。

在与多人同时打招呼时，更要注意亲疏远近和主次关系。一般来说以先长后幼、先上后下、先女后男、先疏后亲为宜。

（3）要考虑对方的职业

称呼别人的时候还要考虑到别人的职业。对不同职业的人，应该有不同的称呼。比如，对农民，应称"大爷""大娘""老乡"；对国家干部和公职人员、对解放军和民警，最好称"同志"；对医生应称"大夫"；对教师应称"老师"；对刚从海外归来的港台同胞、外籍华人，要称"先生""太太"。

（4）要注意区域性

有些称呼，具有一定的地域性，使用不通行的称呼就会带来麻烦。比如山东人喜欢称呼"伙计"，但南方人听来"伙计"肯定是"打工仔"。中国人经常把配偶称为"爱人"，但在外国人的意识里，"爱人"是"第三者"的意思。

（5）要注意场合

有些称呼在正式场合不宜使用。例如，"兄弟""哥们儿"等一类的称呼，虽然听起来亲切，但显得档次不高。

在交际过程中，称呼往往是传递给对方的第一个信息。不同的称呼不仅反映了交际双方的角色身份、社会地位和亲疏程度的差异，而且表达了说话者对听话者的态度和思想感情，而听话者通过对方所选择的称呼形式可以了解说话者的真实意图和目的。恰当的称呼能使交际得以顺利进行，不恰当的称呼则会造成对方的不快，为交际造成障碍。为了保障交际的正常进行，说话者要根据对方的年龄、职业、地位、身份，以及同对方的亲疏关系和谈话场合等一系列因素选择恰当的称呼。

2. 你礼貌地倾听，能无形地化解对方的怨气

近年来，人们对倾听做了很多研究。过去人们比较重视"说"，认为说是主动的行为，而听是被动的行为。我们常常听人这么说："我笨嘴拙舌的，不会说话。很想学学怎么说。"

可是，在生活中很少有人承认自己不会听的，就更少有人要求学习倾听的本领。

其实把"听"看成被动的行为是非常错误的。诚然，有人在倾听别人讲话的时候心不在焉，不动脑筋，或者表示出不耐烦，或者常常打断对方的谈话。而且，往往在别人还没有说完之前，就做出各种假设或结论。

当然，我们知道，交流是双向的。早已有人注意到"听"在双向交流当中的作用。中国有句俗话说："会说的不如会听的。"美国也流行一句谚语："上帝给了你两只耳朵，一张嘴，就是让你多听少说。"交流沟通的大师卡耐基也说过："倾听就是说服的开始"。

其实，倾听不仅能够成功地接收对方传递的信息，而且要给讲话的人以回馈，鼓励讲话的人说得更好，使双方互动起来，从而真正实现双向交流。与此同时，在倾听的时候，还要传达感情，让对方快乐，让对方喜欢你，为你下一步的说服或交际打基础。然而，要完成这些任务绝

超级沟通心理学

不是一件十分容易的事情。因此，我们必须学会倾听。

一个在飞机上遭遇惊险却大难不死的美国人回家反而上吊自杀了，这是怎么一回事？那是一个圣诞节，一个美国男人为了和家人团聚，兴冲冲从异地乘飞机往家赶。一路上幻想着团聚的喜悦情景。恰恰老天变脸，这架飞机在空中遭遇猛烈的暴风雨，飞机脱离航线，上下左右颠簸，随时随地有坠毁的可能，空姐脸色煞白、惊恐万状地吩咐乘客写好遗嘱放进一个特制的口袋。这时，飞机上所有人都在祈祷，也就是这万分危急的时刻，飞机在驾驶员的冷静驾驶下终于平安着陆，大家都松了口气。

这个美国男人回到家后异常兴奋，不停地向妻子描述飞机上遇到的险情，并且满屋子转着、叫着、喊着……然而，他的妻子正和孩子兴致勃勃分享着节日的愉悦，对他经历的惊险没有丝毫兴趣，男人叫喊了一阵，却发现没有人听他倾诉，他死里逃生的巨大喜悦与被冷落的心情形成强烈的反差，在他妻子去准备蛋糕的时候，这个美国男人却爬到阁楼上，用上吊这种古老的方式结束了从险情中捡回的宝贵生命。

从这个故事中，我们明白了一个道理：夫妻之间需要沟通，更需要倾听！

当你在倾诉时，却发现无人在倾听，这将会是一种巨大的打击！

在一般情况下，一个善于倾听的人一定是个非常健谈的人。夫妻之间如此，亲朋好友之间也是这样。懂得倾听，不仅是关爱、理解，更是调节双方关系的润滑剂，每个人在烦恼和喜悦后都有一份渴望，那就是对人倾诉，希望倾听者能给予理解与赞同。可是，那位美国男人的妻子没有做到，才导致了悲剧的产生。

可以这样说，倾听是这个世上最美的动作。

有关专家发现，人在内心深处都希望能够得到别人的尊重。倾听是一项技巧，是一种修养，甚至是一门艺术。学会倾听应该成为每个渴望事业有成的人的一种责任，一种追求，一种职业自觉！

在生活中，当有人因受到不公平待遇而愤愤不平地找你评理，你不需要和他讲理，你只需认真地听他倾诉，让他把情绪宣泄出来，表达他的不满。当他倾诉完，心情就会平静许多，然后，问题很可能自己就解决了，甚至根本就不需要你做出任何决定来解决此事。

一位电信业客服人员的经验是：给客户大约 4 分钟时间来发泄他的不满，正是这 4 分钟的倾听令客户满意，让客户感到自己的重要，同时也感觉自己被尊重。倘若仅仅用语言告诉客户——你尊重他，客户是不会相信的。但是，行动胜过言语，主动倾听客户的讲话，事实上就是用一种无声的语言表达了你对他的尊重。

另外，营销人员的倾听能够缓解客户的敌对情绪，从而使问题解决变得更顺畅。很多客户气愤地诉说，并不一定期望得到解释或补偿，而是需要把自己内心的不满发泄出来。这时候，倾听远比提供建议更有用。

几年前，英国一家电话公司碰到了一个对接线生大发脾气的用户。他怒火满腔，抱怨说他要付的那些费用是电话公司敲他竹杠，扬言要把电话连根拔掉，并且到处申诉、告状。

最后，电话公司派了一位最干练的"调解员"去见那位用户。

这位"调解员"十分安静地听着，让那个暴怒的用户淋漓尽致地发泄，不时地说："是的。"并对他的不满表示理解。

结果，那位用户滔滔不绝地说着，这位"调解员"洗耳恭听，整整听了 3 个小时。

之后，这位"调解员"先后去见过他四次，每次都对他发表的论点表示理解。前三次见面，这位"调解员"甚至连同他见面的原因都没有提过。

第四次会面时，那位用户说他要成立一个"电话用户保障协会"，这位"调解员"立刻表示赞成，并且十分肯定地说自己一定能够成为这个协会的会员。

那位用户从未见到过一个电话公司的人同他用这样的态度和方式讲话，他渐渐地变得友善起来。这样，在第四次见面的时候，这位"调解员"非常圆满地把这件事解决了。

那位用户所要付的费用都照付了，同时还撤销了向有关方面的申诉。

那位用户或许自认为是在主持正义，在维护大众的利益。然而，事实上他只是希望能够得到别人的尊重与理解而已。当这位"调解员"耐心听他发火时，他就获得了这种感觉，满腹牢骚也就化为乌有了。

以上是从客户心理及解决问题的角度述及"倾听客户的声音"。这还只能算是被动的、狭义的倾听。倘若将"倾听"延伸为"收集"，把"声音"理解为"信息反馈"，那么"倾听客户不满的声音"就是"收集客户反馈信息"，这才是主动的、广义的倾听。

要知道，大多数客户的不满、抱怨以及投诉并不是完全没有道理，也不都是空穴来风的。这些不满或是因为产品质量有问题，或是由于服务态度不好，或是因为管理不当，等等。倘若你能够抱着积极开放的态度面对这些所谓的"负面信息"，想方设法地努力改善自己的业务水平，那么，客户的抱怨就会越来越少，生意也就会越来越好。

在面对客户的抱怨时，要仔细聆听，要以"客户永远是对的"为首要原则，并秉持着"三心"，即：虚心受理，用心处理，耐心说明。态度要好一点、微笑要甜一点、耐心要多一点。具体方法如下：

（1）倾听的态度要诚恳

以诚恳、专注的态度来听取别人的意见，听取他们的不满和牢骚。倾听抱怨时，一定要使对方感到你对他们的意见是非常重视的；必要的时候还应该在倾听的时候拿笔记下别人所说的重点。这些虽然不能够彻底地安抚客户，但是可以平息客户的怒火，防止事态进一步发展。

（2）站在客户的角度考虑问题

确认自己理解的事实是否与对方所说的一致，并站在对方的立场上替别人考虑，不可心存偏见。每个人都有自己的价值观和审美观，很可能对别人来说是一件极其重要的事情，而你却感到无所谓。因此，在倾听时你的认识与对方所述可能会出现一些偏差。这个时候，你一定要站在对方的立场上考虑问题，同时将听到的内容简单地复述一遍，以确认自己能够把握对方的真实想法。

（3）以恰当的措辞来应对客户的不满

面对客户的抱怨，你应该如何来应对呢？可以是道歉，也可以是说明，甚至也可以是说服。在这个世界上，任何人都渴望能够得到别人的认可。另外，可以在恰当的时候适当地运用幽默，看看是不是能缓和一下气氛，将场面变得较愉快。

善于倾听，是一种良好的素养。认真地倾听别人的讲话，表达了对他人的尊重，对方也往往会把你当作可以信赖的朋友而更容易被说服。一个有智慧的人不但要注重倾听，更要学会倾听、善于倾听，这样才会让人际关系变得更融洽、更和谐，从而更有利于自身工作的开展。

3. 寒暄不是废话，能拉近彼此心理距离

问候和寒暄虽然是一些单调而且简单的话语，但是不可忽视。因为它是交谈的催化剂，能够在彼此之间架起一座桥梁，满足人们的亲和心理。

寒暄在人际交往中的作用是极其重要的，但并不是任意的寒暄都能够起到这种作用。不适当的寒暄很可能会弄巧成拙，而适当的寒暄却可以拉近彼此之间的心理距离。什么样的话题是适当的寒暄话题呢？那些凡是能引起对方兴致的话题都适于作寒暄的话题。

一天，在公交车上，有一个漂亮的女孩吸引了刘诚的眼球，更巧的是，这个女孩居然和他一起下车，一起进入办公楼。后来又有好几次刘诚都在公交车和电梯里遇到她，但是彼此都没有说话。其实，刘诚很想认识这个美丽的女孩，希望和她交个朋友，但是他始终没有勇气开口。

这个周末，刘诚在公司加班，从公司出来，进了电梯，发现这个女孩恰好又在电梯里。她穿着红色 T 恤，黑色短裤，白色运动鞋，挎了一个很大的草编织提包，很清爽、很休闲。

刘诚觉得他和这个女孩太有缘分了，今天无论如何也要跟她说上话。

因为是周末，电梯里没有别人。所以他鼓起勇气，对女孩说："真

是太巧了，我们经常碰到……"话还没说完，脸已经红到了耳根。

"是啊！一共碰到了 5 次！"刘诚没想到女孩记得这么清楚，说明女孩也在注意着他。于是，他接着问："今天，你也在加班吗？"

"不是，过来取点东西。我们从来不加班！"女孩笑着说。还没等刘诚开口，女孩又主动问："你们经常加班吗？"

……

那天，他们一路聊到了公交车站，坐上同一辆车。两人聊得很愉快，在这个过程中，刘诚知道了女孩姓谢，周末喜欢打球、逛街，在公司做文秘工作，等等。

刘诚主动和女孩说话，女孩没有拒绝她，最后还与他交了朋友。看来，主动说话是人际交往的第一步。

然而，在生活中，有很多年轻人，在人际交往中总是很被动，不喜欢主动与人接近。这主要有两种心理原因。一种是怕自己的主动搭讪、打招呼得不到对方的回应，使自己陷入尴尬的境地，自尊心受损；另一种想法是，认为自己先同别人打招呼，显得自己很贱，像是在讨好别人。

这两种想法其实都是片面的。试想一下，当别人主动和你说话的时候，你会认为别人是在讨好你，因而不愿意搭理别人吗？当然不会！因此，当你因为某种顾虑而不敢主动同别人交往时，最好去实践一下，用事实去证明你的担心是多余的。不断地尝试，会积累你成功的经验，增强你的自信心。

寒暄是正式交谈的前奏，它的"调子"定得如何，直接影响着整个谈话的过程。因此，我们对寒暄绝不能轻而视之。寒暄的时候有必要注意以下三点：

第一，应有主动热情、诚实友善的态度。寒暄时选择合适的方式、合适的语句是很有必要的，但这合适的方式、语句的表示，还有赖于主动热情、诚实友善的态度。只有把这三者有机地结合起来，寒暄的目的才能达到。试想一下，倘若别人用十分冰冷的态度对你说"我很高兴见到你"时，你会是什么样的一种感觉？当别人用不屑一顾的态度夸奖你"我发现你很精明能干"时，你又会做何感想？推己及人，我们寒暄时不能不注意态度。

第二，应适可而止，因势利导。做任何事情都应有个"度"，寒暄也不例外。恰当适度的寒暄有益于打开谈话的局面，但切忌没完没了，时间过长。有生活经验的人，总是善于从寒暄中找到契机，因势利导，言归正传。

第三，善于选择话题。一般来讲，在寒暄时可以选择以下话题作为开始：

（1）自己闹过的有些无伤大雅的笑话

像买东西上当、语言上的误会等。这一类的笑话，多数人都爱听。开开自己的玩笑，除了能够博得他人欢笑之外，还会使人觉得你为人很随和，很容易相处。

（2）天气

天气几乎是中外人士最常用的普遍的话题。天气对于生活的影响太大了，天气很好，不妨同声赞美；天气太热，也不妨交换一下彼此的苦恼；假如有台风、暴雨或是季节性流行病的消息，可以拿出来谈谈，因为那是大家都关心的话题。

（3）医疗保健

这也是人人都感兴趣的话题。新发明的药品，著名的医生，对流行病的医疗护理，自己或亲友养病的经验，怎样可以延年益寿，怎样可以增强体质，怎样可以减肥，等等这一类的话题，也许纯粹就是一家之言，但它能够吸引别人的注意力，而且也没有太多坏处。特别在遇到朋友或其家人健康有问题的时候，倘若你能够向他提供有价值的意见，那他将会对你充满感激之情。

（4）家庭问题

关于每个家庭里需要知道的各方面的知识，例如儿童教育、购物经验、夫妇之间怎样相处、亲友之间的交际应酬、家庭布置等，也会使大多数人产生兴趣，家庭主妇们尤其关心这类问题。

（5）轰动一时的社会新闻

倘若你有一些特有的新闻或特殊的意见和看法，那么你完全有能力把一批听众吸引在自己的周围。

4. 维护他人的尊严，你的说服才会成功

　　每个人都有强烈的自尊心。自尊心是人在社会中处处自我尊重和处处维护自身尊严不受伤害的心理和情绪。当一个人的自身尊严受到他人维护和满足时，会产生心情舒畅的体验，进而产生独立、坚强、自信及有成就感等；反之，自身尊严受到他人伤害或侮辱时，会产生痛苦、愤怒、反感等抵触情绪，进而产生自卑、软弱、无助的感觉。

　　所以，在交际活动中，倘若你能够时时处处站在别人的角度为别人着想，努力维护别人的尊严，那么你的说服才会获得一定的成功。

　　有一个男孩十分活跃。上班的时候，突然闻到一股臭臭的味道。当他和身边的一个同事说话时，发现原来是同事的口臭，于是，他大声说："大姐，你今天刷牙了吗？你的口臭都快熏死我了，像死鱼的味道。"他一边说，一边很好心地递给同事一块口香糖，"快吃一块吧！"

　　其他的同事都看着他们，有几个男同事还发出了笑声。这个口臭的同事突然脸涨得通红，没有接他的口香糖，气愤地摔门就走了。从此以后，同事对他的态度十分冷淡。这个男孩还觉得有点莫明其妙，自己不过是开了个玩笑而已！

　　从言语表达上来看，这个男孩说话太直白，不会表达；而从心理学的角度来看，这个男孩在想帮助别人的时候，却没有考虑到他人的感

受，不知不觉中伤害了同事的尊严。

一个人的自尊主要来自自我价值感的体验，而自我价值感又来源于人际交往的过程中，来源于他人对自己的态度。在很多时候，别人的肯定会增加人们的自我价值感，而别人的否定则会直接威胁到人们的自我价值感。所以，人们对来自人际关系世界的否定性信息特别敏感，别人的否定会激起强烈的自我价值保护的倾向，表现为逃避或否定别人，以维护自己的自尊心。

在与人交往时，我们必须对他人的自我价值感起积极的支持作用，维护别人的自尊心。倘若我们在人际交往中威胁了别人的自我价值感，那么会激起对方强烈的自我价值保护动机，引起人们对我们的强烈拒绝和排斥情绪。

小王也曾经因此失去了一个非常要好的朋友。这个朋友是小王的高中同学，一个内向的女孩。当时，小王和她是同桌，她的学习成绩非常优秀，而且性格十分温柔当时他们是无话不说的好朋友。她的家在农村，家境不好，可能是她内心有一些自卑，她和别的同学之间还有一些顾忌，但是在小王面前她却能展示一个真实的自己，非常放松。

有一次，学校要调查一件什么事情，需要家住城市的学生们一起开个会。当时老师叫他们的时候，她不在座位上。后来，她进了教室问小王："我需要去开会吗？"

小王无意中说了一句话却深深地伤害到了她，小王说："你又不是城里的，去做什么呢？"当时说这句话的时候实属无心，没想到这句话在她心里留下了深深的烙印。她十分敏感地问小王："你是瞧不起我们农村人，对吧？"她郑重其事地叫小王的名字，并兴师问罪，吓了小王一跳。

这件小事在小王看来非常不起眼。可是，她有一个星期没和小王说话。后来，小王也记不清他们是怎么和好的，但是他们之间仿佛竖起了

超级沟通心理学

一道玻璃墙。她不再主动地和小王讲习题，小王也说不清为什么不再与她轻易说话或开玩笑，总担心会发生什么事情而伤害到她。

人都有自尊，自尊和自卑是一对双胞胎。如果处理不好很容易给他人造成打击，或许从此就留下阴影。那个被你伤害的人要么远离你，要么憎恨你。

因此，我们在与人交往的时候，特别是面对一些"脸皮较薄"、敏感的人，做任何事情首先要考虑到他们的自尊心。

维护他人的自尊，让他人感觉到自己受到尊重和重视。很多年轻人忽视了这一点。在人际交往中，凡是弱点、缺点、一切不如别人之处都有可能是他人所忌讳的，因此，你千万不要去踏这些"雷区"。一个关于处世的聪明人要懂得放下架子，以平等的态度来对待别人，使别人感到自己受到了尊重，自然自己也会赢得别人的尊重。很多时候，当你给别人一个面子时，别人也会给你一个很大的回报。

5. 彼此关系再好，你也要讲讲礼貌

为人处世，我们应该做到坦诚，不说假话。但是要想真正获得做人的成功，有些时候，直话也未必非得直着说。通常一个不懂得察言观色、善加分辨之人，很容易失去好人缘。因为直来直去很容易会伤害到他人的面子，使对方产生不快。

或许在生活中，人们一向把直来直去的性格作为一种美德倍加赞赏。可能有些话对方不一定喜欢听，但出于责任或者义务，你又非说不可。那么，为什么不能够把这些话绕个弯说出来呢？或许那样的效果会更好。

在我们的身边，很多人的性格是心直口快，没有城府，从不拐弯抹角。有时候这样的人会是能够受到大家的喜爱，因为人们觉得他率直，交往起来很轻松。但是，有时候这样的人也十分令人头疼，因为他总是无意中伤害别人，常常把人弄得下不来台却毫无察觉，你怪他吧，他是无意；你不怪他吧，他又屡次让你恼火。这样的家伙真是让人头疼。你会犯这样的错误吗？

在现实生活中，当我们试着随便去问一个朋友："你喜欢什么样性格的人？"对方很可能会这样回答："性格直爽的人。"这种说话爱直来直去的人看似非常简单，实则有时候很招人厌。很多时候，同样的表

达，同样的目的，绕一个弯儿就能把话说得婉转动听。

其实，生活中任何一种意思都可以含蓄委婉地表达。与人说话时，言语切不可太过直接，否则会招惹对方不快。而且，即使关系再好，也不要过分坦率。毕竟每个人都需要自尊，直来直去实际上就是"不给面子"，使对方心中不快，以致造成双方关系破裂。往往当我们冷静下来，事后想一想，自己就因为这么点小事而与对方决裂，实在是后悔不迭！

一对结婚已经十余年的夫妇，他们每个月都要给双方的父母寄生活费。这件事一直由妻子全权负责。可是偏心的妻子，每个月给自己的父母寄 100 元，而给丈夫的父母寄 50 元。为这件事，丈夫一直愤怒在心口难开，因为他不想因此而惹恼了妻子。

终于，忍无可忍的丈夫想出了一个办法。以前丈夫每天下班，什么事都不干，总要先抱抱小儿子，亲抚半天，可这天回家后，他一反常态地走到五岁女儿的身旁，把五岁的女儿伸手抱了起来。而一岁的小儿子就在摇车里哭起来，丈夫却假装什么也没看见，什么也没听到。

正在做饭的妻子扭头看到了这样的情况，急忙喊道："儿子都哭成那样了，你怎么还不赶紧去哄哄他？"

丈夫不紧不慢地说："这 50 块钱的，还是你来抱吧！我要抱 100 块钱的。"妻子一听红了脸，以后每月也给丈夫的父母寄 100 元了。

聪明的丈夫风趣而又不失原则地请妻子进入了自己所预设的"圈套"。他并没有直接说出自己对妻子的不满，而是幽默而含蓄地对妻子错误的行为做出了反击，弦外有音地暗示了事情的实质和自己的不满情绪，从而达到了自己的目的。

直言直语很多时候就像一把伤人伤己的双面利刃。喜欢直言直语的人尽管都具有正义倾向，但是其言语的爆发力和杀伤力十分强大，所以有时候这种人很容易得罪人。当我们在与他人说话的时候，应该尽量避免直来直去指出别人的过失。最好的情况是在说话时巧妙地拐个弯，千万不要"乱放炮"。

无数事例都证明，与人相处，实话实说固然没有错，但还是应该多多注意别人的忌讳，否则说中了别人的痛处，就可能造成不快。在现实生活中，倘若你一味地驳人面子，揭人的短，口无遮拦地得罪人，就只能和好人缘背道而驰了。

当然，做一个心直口快的人也并非不好，但不是让你冒冒失失、口无遮拦，而是要你在说话之前思量一下，避免伤害到别人，让自己成为不受欢迎的人。所以，倘若不想增加不必要的麻烦和误会，那么请"三思而后言"。

第四章

善于赞美的你，办事必将了不起

赞美是任何人都不能拒绝的语言，是能为我们赢得好人缘和说服他人的语言。我们在说服他人时，经常赞美、巧妙赞美，是消除对方抵触情绪和赢得对方好感不可少的办法。因此，我们要想一开口就说服他人，必须先将自己培养成一个善于赞美的人。

1. 打动别人最好的方式就是赞美

人，总是希望得到他人的赞美。无论是咿呀学语的孩子，还是白发苍苍的老人，都会希望获得来自社会或他人的得当赞美，从而让自己的自尊心和荣誉感获得满足。

有位著名企业家曾经这样说："人都是活在掌声中的，当部属被上司肯定，他才会更加卖力地工作。"法国的拿破仑就非常知道赞美的力量，而且他也具有高超的统帅和领导艺术。他主张，对士兵要"不用皮鞭而用荣誉来进行管理"。他认为：一个在伙伴面前受到体罚的人，是极其不情愿为你效命疆场的。为了激发和培养士兵的荣誉感，拿破仑对每一位立过功的士兵都加官晋爵，而且会在全军进行广泛的通报宣传。通过这些赞美和变相赞美，去激励士兵勇敢地战斗。由此可见，打动别人的最好方式就是欣赏和赞美。

有时，懂得赞美对方，维护和提高对方的地位，可以有效地缓解与对方的关系。因为，当我们真诚地赞美别人时，对方也会由衷地感到高兴，并对我们产生一种好感。所以，要想缓和增进双方的关系，拉近彼此的距离，不妨对其使用真诚的赞美。

美国历史上有一个年薪百万的管理人员名叫史考伯，是美国钢铁公司的总经理。有记者曾经这样问他："您的老板为何愿意一年付给您超过一百万美元的薪水呢？您到底有什么本事拿到这么多的钱？"史考伯回答说："我对钢铁懂得不多，但我最大的本事是能让员工鼓舞起来。而鼓舞员工的最佳方法，就是表现出对他们真诚的赞赏和鼓励。"可以这样说，史考伯就是凭着赞美他人的高超本领而年薪超过一百万美元的。有趣的是，史考伯到死也没有忘记赞美人。他在自己的墓志铭上写道："这里躺着一个善于与那些比他更聪明的下属打交道的人。"

爱听赞美的话是人的天性，人人都喜欢正面刺激，不喜欢负面刺激。倘若在人际关系中人人都乐意赞美他人，善于夸奖他人的长处，那么人际交往间的愉快也将会大大增加。

为了让我们的人际关系更加和谐，请不要吝啬你的赞美，多给予你身边的人一些由衷的赞美吧！

赞美是一种说话的艺术，运用得当，会使被赞美者心情愉悦；而作为赞美者自己，也能从赞美他人的过程中感受到快乐。

韩国某大型公司的一个清洁工，本来是一个最被人忽视，最被人看不起的角色，但他在一天晚上公司保险箱被窃时，与小偷进行了殊死搏斗。事后，有人为他请功并问他的动机时，答案却完全出人意料。他说："当公司的总经理从他身旁经过时，总会不时地赞美他'你扫的地真干净'。"就是这么一句简简单单的话，使这个员工深受感动，并以身相许。

"赞扬能使羸弱的躯体变得强壮，能给恐惧的内心以平静和信赖，能让受伤的神经得到休息和力量，能给身处逆境的人以务求成功的决心。"这是一种曾经颇为流行的说法。实验心理学对酬谢和惩罚所做的研究表明，受到赞扬后的行为要比挨了训斥后的行为合理得多，有效得多。到底为什么赞扬能够使人类获得进一步提高，在科学上尚未完全搞清楚。不过，赞扬确实能够使人类和动物的某种能量彻彻底底地释放出来。

无论对方是孩子、妻子、丈夫，还是下属、上司、同事等，只要你通过真诚的赞扬来激励对方，给对方打气鼓励，那么对方就会自然地显示出友好和合作的态度来。赞扬之于人心，如阳光之于万物。生活中，每个人都渴望能够得到他人的赞美。这是人们出于自尊的需要。经常听到真诚的赞美，会觉得自身的价值获得了社会的充分肯定，也能使自尊心、自信心增强很多。

最有效的赞扬方法是"雪中送炭"，而不是"锦上添花"。最需要赞扬的不是早已美名天下扬的人，而是那些自卑感很强、被错当成"丑小鸭"的"白天鹅"。他们平时很难听到一声赞扬，倘若被人当众真诚地赞美了一番，尊严就可能复苏，自尊心、自信心也一定会倍增，精神面貌也会在不经意间焕然一新。对于任何一个最值得赞扬的优点，不应是他身上早已众所周知的优点，而应是那些蕴藏在他身上、尚未引起重视的优点。就是这种赞美，有助于他用智慧去开辟一个新领域，有助于他在攀登事业高峰的征途上更顺利、更快地成功。

美国著名女企业家玛丽凯女士曾这样说："世界上有两件东西比金钱和性更为人们所需——认可与赞美。"金钱在调动下属们的积极性方面不是万能的，而赞美却恰好可以弥补它的不足。因为生活中的每一个人，都有较强的自尊心和荣誉感。你对他们真诚的表扬与赞同，就是对其价值的最好承认和重视。而能真诚赞美下属的领导，能使员工们的心灵需求得到满足，并能激发他们潜在的才能。

我们为什么要吝啬自己的一个微笑、一句赞语呢？欣赏和赞美有那么多的好处，只要我们把握赞美的尺度，用心体会、仔细倾听，就会很容易发现生活中平凡但又美好的人和事物。请多一点理解，多一个微笑，多一些掌声，学会赞美和欣赏他人，将快乐与更多的人分享。

真诚的赞美需要翔实具体。在日常生活中，能取得巨大成功的人并不多见。因此，在人与人之间的交往中，赞美别人要从工作和生活中的具体事件入手，发现他平实的长处抑或微不足道的优点，并要对此不失时机地给予一番赞美。

当然，赞美他人的语言越具体、细致越好，这说明你很在意对方，愿意花费时间和精力去了解未取得巨大成就的他，很欣赏并认同他，以及即将得到的成功。从语言中让对方感受到你的真挚、亲切和可信，从而加深你们之间的情意，拉近彼此的心灵。反之，倘若只是空泛、概括地赞美对方，则很难深入对方的心灵，也很容易引起对方的反感与怀疑，甚至产生不必要的误解和信任危机。合乎时宜的赞美中的"合乎时宜"在于适可而止。赞美合乎时宜还在于适时而做，在一件事初始的时候，赞扬当事人能激励他下决心做出成绩，当事情发展到中间阶段的时候，赞扬有益于对方再接再厉，继续做出努力。结尾时，赞扬一个人则可以肯定他的成绩，为他进一步的努力增添更多的斗志与信心。

一些不断追求成功的人，更需要这种真诚的赞美。因为这些人平时很难得到赞美，也许在成功者看来很平淡的话，在无意间便会激起他们奋进突破重围的士气。而被人当众真诚地赞美后，就有振作精神、大展宏图的可能了。

此外，赞美并不一定局限于语言，更不固守于一些词语。有时，投以赞许的目光、认可的眼神，做一个夸奖的手势、赞同的动作，送以欣赏的微笑，也会达到赞美所达不到的效果。

2. 你欣赏别人，就要及时表达出来

在现实生活中，我们常常遇到这样一种情况，当你求人办事时，只要学会多多赞扬他人，就能顺利达到自己的目的。吹捧之至高明者，乃藏吹捧于无形之中，帽子送出去却不戴人脑袋上而是戴人之心窝里。这正是吹捧之人的最高境界，似吹若无吹，看似无吹却胜有吹，只让听者感到缕缕爽人清风，直至心田，晕乎乎地就成就了你的目的。

在社会中，与人交往处处都需要我们适时地赞美别人。适时地为对方戴上一项耀眼的光环，那么你又有什么事情解决不了呢？

林枫是一位名片架推销员，一天他敲开一家外贸公司经理的办公室的门。当时该公司的经理正在批阅文件，见到林枫后眉头微拧了下，并不打招呼。林枫非常大方地站在门口说："经理，早就听朋友说你是一位对艺术十分有研究的总裁，眼光很是独到，今天看到你的办公室的装饰和摆设，就感觉他说的还是有些谨慎，我看，你根本就是一个艺术家嘛！"

一番话至此，林枫细微的察觉到经理的眉色向上扬了下，便接着说："贵公司的员工可真是令人羡慕，能与你这么一位身具艺术家气质和企业家胸怀的经理一起共事，想必一定是件令人愉悦的事。"

一番话说的经理放下文件，笑逐颜开。

林枫才接着不紧不忙地说："我这里有一个非常适合你这样有艺术品位的人放的名片架，这样可以让你的名片外观上看来更加具有世术的细胞。你看你是留下一个还是两个呢？"

结果，这个外贸公司的总裁眉开眼笑地为公司的各个主管留下了两个名片架。

其实，对他人进行赞美，为他人戴"高帽"，是在现代社会生存所不能不掌握的一门关键技艺。其重要性，甚至大于文凭乃至其他一切生存能力。让人心里甜滋滋、美融融的，对你并没有什么损失，只会让你的路越走越顺，放低姿态，收敛丰芒，学一学乞丐的为人处世，当他们没有显耀加身时，却总是能顽强地生存于世；他们并没有苦守岗位，却总是行到哪里都能吃得自如，过得悠闲。总是有太多的人愿意拿出自己的钱财，白白送给他们。这是一种什么样的心态，是因为富有人的同情心吗？还是因为那些喜于赞美之人，有充足的能力让人乐于施舍，并且愿去帮助他们。

在生活中，适当而不夸大地赞美，只会让太多的人乐于接近他们。在信息时代和快节奏的职场中，每个人都因为工作压力过大，导致情绪不佳，心情不快。当他们在精神贫乏至极时，听到他人对他工作的肯定和赞美时，能令他们感到心情更加愉悦，身心细胞更加活跃，在一定程度上缓解了自身的工作压力。生活中你只要因为一点点小事，对别人一番吹捧，那么，别人也会更加喜于去接近你。所以，吹捧别人，也是在为你的未来铺路，使你行走的路更为宽广。

有人说，你若要在某方面去改变一个人，就把他看成他已经有了这种杰出的特质。莎士比亚曾说："假如你没有一种德行，就假装你有吧！"更好的是，公开的假设或宣称他已有了你希望他有的那种德行。给他们一个好的名声来作为努力的方向，他们就会痛改前非、努力向上，而不愿看到你的希望破灭。

3. 别人感到被重视，才会重视你

人类行为有个极重要的法则，倘若我们能够遵从这个法则，大概不会惹来什么麻烦；事实上，倘若我们能够遵守这个原则，便可以得到许多友谊和永恒的欢乐。但是倘若我们破坏了这个法则，就难免后患无穷。这个法则就是：时时让别人感到自己很重要。当然，当我们让别人感到自己被人重视时，你的说服便有可能会获得成功。

有一天，我在纽约第 32 街和第 8 道交口处的邮局里排队等候寄一封挂号信。那位柜台后面的营业员显然对工作感到不耐烦——称重、拿邮票、找零钱、写收据，一年复一年地做着同样单调的工作。所以我对自己说："我要让那位办事员喜欢我。而要让他喜欢，我显然必须说些好话——不是关于我自己，而是有关他的。"我又自问："他又有什么值得让我称赞的地方呢？"有时，这实在是一个难题，尤其是对方是一个陌生人时。但是，称赞眼前的这位职员似乎并不让我感到困难，我马上找出可以称赞的地方了。

当他为我的信件称重时，我很热切地对他说："我真希望能有你这样的头发。"

他抬起头，十分惊讶地看着我，笑着说："啊，它已经不像以前那么好啦！"他谦虚地应答。我告诉他，虽然它可能已没有原来的美观，但仍然状况极佳。他十分高兴，和我谈了一会儿，最后说道："许多人都称赞我的头发。"

我敢打赌这位先生出去吃午饭的时候，一定步履生风，晚上回家的时候，一定会将此事告诉太太，也一定会照着镜子对自己说："这头发是多么漂亮！"

有次我演讲的时候提起这件事，事后有人问我："你想从那人身上得到什么？"

我想从那人身上得到什么？其实，不是别的，而是别人对你的尊重。

倘若我们真是这么自私，一旦没有从他人身上得到好处，就不对他人表示一点赞赏或表达一点真诚的感谢——倘若我们的灵魂比野生的酸苹果大不了多少，我们的心灵会变得多么贫乏。

不错，我是希望从那位先生身上得到一点东西。但那东西是无价的，而且我已经得到了。我已经得到了助人的快乐，这种感觉会在事过境迁之后，永存在我的记忆里。

与此同时，我让别人感到了自己的重要性，他也因为我的赞美而快乐着。而且，相信因为我的赞美，他收获了一份好心情。当然，当你能够赢得他人的好感时，便能够达到自己想达成的目的。

柯达公司的乔治·伊斯曼，因发明了透明胶片而收获滚滚财富，成为举世闻名的富豪。像他这么有成就的人，渴望被肯定的心理却是同任何人都一样。

事情是这样的：伊斯曼在兴建"伊斯曼音乐学校"和"基尔本厅"的时候，纽约一家专做椅子的公司经理詹姆斯·约翰逊，很想包下剧院座椅的生意，便打电话给建筑设计师，希望能够通过他到罗契斯特去会见伊斯曼先生。

正要见面的时候，建筑设计师对约翰逊说道："我知道你很想做成这笔生意。但我先告诉你，伊斯曼是个纪律严格的人，非常忙碌，所以你最好长话短说，把来意在 5 分钟内解说完毕。"

约翰逊也正打算这样做。

进了办公室，约翰逊见到伊斯曼先生正在翻阅文件。伊斯曼先生抬起头，取下眼镜，然后走过来向约翰逊和建筑设计师招呼道："早安，两位先生，请问有何指教？"

建筑设计师为两人介绍过后，约翰逊便说道："这是间很好的办公室。虽然我是从事室内木工艺品的生意，却从没见过这么漂亮的办公室。"

乔治·伊斯曼回答道："你使我回想起某些往事。是的，这是间很漂亮的办公室。刚建好的时候，我真是太喜欢了。可是后来事情一忙，也就不再有那份感觉，有时甚至好几个星期也不曾来一趟。"

约翰逊移动脚步，用手指抚过窗格的镶板。"这是英国橡木，是吗？这和意大利橡木稍有不同。"

"不错，"伊斯曼答道，"这是从英国进口的橡木，是我一位木料专家的朋友特别为我选来的。"

伊斯曼便逐一介绍室内的一些建材，不时对结构的比例、材料的色泽和制作的手工等提出批评，并说明当初他如何参与计划和施行。

后来他们停在一扇窗户前面，伊斯曼以他特有的自信与从容告诉他未来的好几项计划：罗契斯特大学、综合医院、友谊之家、儿童医院等。约翰逊对他的人道精神又大大赞赏一番。接着，伊斯曼打开一个玻璃箱，取出一个照相机来——那是他的第一部照相机，由一个英国人手中买来的。

约翰逊又询问他从事生意以来的各种经历故事。伊斯曼提到自己童年的贫困和寡母的辛劳，出于对贫穷的恐惧，他十分卖力地工作。约翰逊凝神细听，并不时提出一些问题，如干性感光盘的实验等，伊斯曼也都很详细地回答。

约翰逊被引进办公室的时候，是 10 点 15 分。建筑设计师曾警告他，面谈最好不超过 5 分钟。但是，现在 1 个小时过去了。接着 2 个小时，他们还是谈个不停。

最后，伊斯曼对约翰逊说道："上次我在日本买回几张椅子，放在阳台上，结果油漆都被阳光晒剥落了。前几天，我到市区买来一些颜料，自己动手油漆一遍。你想过来看我漆得怎样吗？要不你等一下到我家来吃饭，我可以让你看看那些椅子。"

吃完饭后，伊斯曼带约翰逊去看那张椅子。那不过是普通的日本座椅，只因经由大富豪亲手油漆过，便备受珍惜。

剧院座椅的订单高达 9 万元，你猜谁会做成这笔生意呢？是约翰逊毋庸置疑。

由此可见，打动他们内心的最好方法，就是有技巧地表现出你衷心地认为他们很重要。因此，约翰逊的智慧能让对方觉得自己很受重视，同时从心底接受你。

类似的做法，也可用于工作中的说服。例如，想要说服下属接受一项任务时，可先说"我想请你帮我一个忙"，再将内容说出。虽然只是简单的一句话，但是倘若经常使用，便能使懒惰的职员发愤图强或安抚具有反抗心的职员。

4. 给予失败者肯定，让其恢复自信心

实际工作中，有很多人往往只看到了那些少数成功者，毫不吝啬地将自己所能想到的溢美之词全部赠送给了他们。但是，对于大多数也曾经辛勤耕耘的"失败者"，往往未加以重视，甚至忽略了他们的存在。这样久而久之，曾经失败过的人也许以后就丧失了自信，没了斗志。这个时候，倘若你能适时鼓励一下或者表扬一下，他们肯定会重新恢复自信，找回自我。

有一个青年刚刚从事保险业务，没有经验，他满怀热情地敲开一家家大门，迎接他的却都是冷漠地拒绝。他一直敲了100多家，却一点收获也没有。他的自信心受到严重挫折，于是他决心不再干这项工作。他失望地走在大街上，打算回公司交辞呈。就在这时，不远处一对祖孙玩弹子的情景吸引了他的注意。那个小男孩一次次地弹击前面的弹子，但总是偏差，祖父在一旁耐心地鼓励道："就差一点儿了，再试一次就击中了，再试一次！"小男孩满头大汗地坚持着。

小男孩一次次充满自信地弹击着，那情景让他怦然心动。就在这时，那个小男孩高兴地欢呼着："击中了，击中了！"至此，青年兴奋起来，他似有所悟地说："我知道自己该怎么做了。"

他转身又向下一家走去。他一直敲下去，当敲到第201家的时候，

终于做成了从业以来的第一笔生意。从此，他一发而不可收，业绩不断上升，后来成为部门经理。

由此，我们再次看到外部世界的刺激和面对刺激进行自我激励的力量。其实，生活原本处处存在着人生的哲理，不过粗心的人一时难以发现罢了。这个青年能触景生情，联系自己，从生活中读出了哲理，领悟了真谛，说服了自己，找到了方向，于是希望之光再次注入他的身心，召唤他重新上路，追寻下去。

1989年，45岁的斯科特·麦格雷戈在家里敲着键盘。他从屏幕前抬起疲劳的双眼，看见厨房那边妻子黛安娜和十几岁的双胞胎儿子克里斯和特拉斯正凑硬币准备去买牛奶。

这位父亲顿生负罪感。他走进厨房，伤心地说："不能再这样干下去了，我明天就出去找工作！"

"不能半途而废！爸爸。"特拉斯首先反对。克里斯进行补充："您马上就要成功了！"

两年前，麦格雷戈放弃了有保障的"顾问"职位去试着实现自己的一个"梦想"：他原来的公司是在机场和饭店向出差的企业人员出租折叠式移动电话的，但这些不能提供有详细记载的计费单。而没有这种"账单"，一些公司就以没有依据为由不给雇员报销电话费。现在急需在电话内装一种电脑微电路，以便记录每次通话的地址、时间、费用。

麦格雷戈知道自己的设想一定行得通，在家人的大力支持下，他开始物色投资者并着手试验。但这项雄心勃勃的冒险进行起来却遇到了一些挫折。

1990年3月的一个星期五，全家几乎面临绝境。一位执法人员找上门，通知他们倘若下星期一还交不上房租，他们就只有去睡大街了。

麦格雷戈在绝望之中把整个周末都用来联系投资者。功夫不负有心人，星期天晚上11点，终于有人许诺送一张支票来。

麦格雷戈用这笔钱付了账单，并雇用了一名顾问工程师。但是忙碌了几个月后，工程师说麦格雷戈设想的这种装置简直是"不可能"！

到了 1991 年 5 月，家庭经济状况重新陷入困境，麦格雷戈只好打电话给贝索思——一家著名的电讯公司。一位高级主管在电话里问了他："你能在 6 月 24 日前拿出样品吗?"

麦格雷戈脑中不由想起工程师的话和工作台上试验失败后扔得到处都是的工具，他强迫自己镇定下来，自信地说："肯定行!"

他马上给大儿子克里斯打去电话——他正在大学读电脑专业，告诉他自己所面临的严峻挑战。

克里斯开始通宵达旦地为父亲设计曾使许多专家都束手无策的自动化电路。在父子二人共同努力下，样品终于设计出来了。6 月 23 日，麦格雷戈和克里斯带着他们的样品乘飞机到亚特兰大接受检验，终于获得成功。

现在，麦格雷戈的特列麦克移动电话公司，已是一家资产达数千万美元、在本行业居领先地位的企业。

在这个故事中，当父亲面对失败要放弃自己的设想时，儿子给了他无比的信心，让他相信自己能够取得成功。最终，麦格雷戈如愿以偿地实现了自己的理想。

一个人倘若拥有了信心，便是成功了一半。然而在通往成功的大道上，人人都会遇到各种各样的问题，在这个时候有的人会勇敢地走下去。但是，也有一部分人会因为困难而放弃自己的目标。也许，面对这种情形，倘若你能够给予失败者一定的肯定，鼓励他们再尝试一次，这样他就很有可能恢复自信，从而赢得巨大的成功。

5. 批评别人前，不妨先对其赞扬一番

常言道："人人爱听奉承话。"在这个世界上几乎没有人不因受到夸奖而心情舒畅。戴尔·卡耐基曾这样说："听到别人对我们的某些长处表示赞赏后，再听到批评，心里往往会好受得多。"当别人做错了事情，为了让对方能够心平气和地接受批评，我们完全可以采取"欲抑先扬"的方法，这样比直接批评更容易让人接受。

所谓"欲抑先扬"，就是先表扬其优点，然后再婉转地提出批评。批评之前，能找到批评对象的优点进行表扬，营造一种良好的氛围，然后再指出其问题时，往往易于被对象接受。

当你不得不指责别人所犯的错误时，用什么样的方式为最好呢？

最好的方式就是：指责一个人的错误时，在指责错误之前先赞美他的一件好处，在指责完错误之后再赞美他的一件好处。其实就是在指责错误的同时，也赞美一下他的优点。

约瑟芬·卡耐基是戴尔·卡耐基的侄女，19 岁的时候来到纽约，成为卡耐基的秘书。当时，她刚刚高中毕业，一点工作经验都没有，所以，在工作中总是出现这样那样的差错。而卡耐基也会毫不客气地批评她，这样，约瑟芬深深地感到了自己身上沉重的压力。

一天，在工作中，约瑟芬犯了一点小错误，卡耐基刚想开始批评

她，但马上又对自己说："等一等，你的年纪比约瑟芬大了一倍，你的生活经验几乎是她的一万倍，怎么能够要求他和你一样呢？你的判断力，你的冲劲，这些都是很平凡的，还有你才刚刚 19 岁又能够做些什么呢？那些愚蠢的错误和举动还记得吗……"

经过一番认真的考虑，卡耐基获得结论，约瑟芬 19 岁时的行为比他当年好多了，而且他很惭愧地承认，他以前总是十分严厉地批评约瑟芬，而很少会称赞她。

从此以后，每当约瑟芬做错事情的时候，卡耐基不再像以前那样当面指出她的错误。而是换了一种方式，总是微笑着告诉她："亲爱的，你犯了一个错误，但上帝知道，我所犯的许多错误比你更糟糕。你并不是天生的万事通，成功只有从经验中才能获得，而且你比我年轻时强多了。我自己曾经做过那么多的傻事，所以，我根本不想严厉地批评你或者是任何人。但是你不认为，倘若这样做的话，会更聪明吗？"

约瑟芬听到戴尔这样说，就不再感到有压力了，而是充满了动力。后来，她完全可以胜任秘书一职。

每个人都渴望别人赞扬自己，同样，每个人也都害怕受到别人的指责。当领导毫不隐讳地批评对方时，即使对方认为你是对的，他确实错了，但大多数人仍然会对你心怀不满，甚至会怀恨在心。

但是，倘若你能够换一种方式，先礼后兵，先对他进行一番表扬，趁着他心神愉快时再指出他的缺点，相对来说，这种方法会让他虚心接受，甚至还会感激你。

生活中，你尽量不要去批评别人，不得不批评的时候最好采取间接方式。你要始终对事而不对人。当然，你一定要向别人表明，你是真心地想帮助他而非故意责难。同时，也不要以书面形式批评别人。

最智慧的方法就是先表扬后批评。在批评别人之前，自己先把想要说的话复述三遍。而且，记得批评的话语要婉转而不要太过于直截了当。

要学会当众赞美，私下批评。赞美的话任何人都喜欢听，而且倘若这种话是在大众场合听到的，那么别人会觉得更有面子。

反之，批评的话一定要在私下说，这样除了能给对方留一个台阶下外，对本身的形象也会产生好的影响。

当众赞美，私下批评，这看起来有点搞"两面三刀"之嫌，实际上并非如此。能这样做的人，和那种表面一套、背地一套的人，有着本质上的不同，二者绝没有什么相同之处。

卡尔文·柯立芝于1923年登上美国总统宝座。这位总统以少言寡语出名，人们经常称他为"沉默的卡尔文"。但是，他也有出人意料的时候。柯立芝有一位漂亮的女秘书，人虽长得不错，但工作中常常会犯这样那样的错误。一天早晨，柯立芝看见秘书走进办公室，便对她说："今天你穿的这身衣服真漂亮，正适合你这样年轻漂亮的小姐。"这几句话出自柯立芝口中，简直让秘书受宠若惊。柯立芝接着转变了语气说："但是，你也不能够骄傲。我相信你的公文处理也能和你一样漂亮的。"果然从那天起，女秘书在公文上很少出错了。一位朋友知道了这件事，就问柯立芝："这个方法很妙，你是如何想出来的？"柯立芝得意扬扬地说："这很简单，你看见过理发师给人刮胡子吗？他要先给人涂肥皂水，为什么呀？就是为了刮起来使人不痛。"

在批评他人时，先表扬后批评更为有效。在批评的过程中，适时地采取先表扬后批评的方式，使得对方能树立改正错误的信心，从而树立全新的自我形象。因为从你的言语中他得到一信息是，自己是有优点的，即使有错误也能很容易地接受批评，并很快地改正。所以，批评的艺术可以被称为一种为人处世的基本修养。

批评之前，不妨先赞美、表扬他几句，使对方的紧张情绪慢慢缓解，尔后再和颜悦色地说上几句批评的话，甜中带辣，使对方心悦诚服。

6. 夸到点子上的称赞才最有说服力

把话说在点子上，往往能收到意想不到的效果，而夸在点子上，即恰到好处的夸奖和赞美会更令人喜出望外。

赞美别人的话不宜人云亦云，即不要别人怎么说，你就跟着怎么说，因为倘若那样的话，别人会很容易就看出你的赞美之辞是没有经过加工处理的，只是拣来别人说过的话重复一遍。一遍遍听到同样赞美的话，被赞美的人怎么会对你那索然无味的赞美感兴趣呢？殊不知，重复别人习以为常的赞美，其效果不如赞美对方不为人知或不易被察觉的优点。

在一次交际聚会上，一位资深的作家被人这样称赞道："你真是个了不起的作家，大家都认为只有你的作品是最值得我们拜读和学习的。"可是，作家听到这样的恭维却无动于衷，脸上没有任何表情。因为，他认为自己目前在文坛上可谓是越来越红，得到这样的称赞是一件非常自然的事情。

这时，过来一名女记者，她主动伸出手来与作家握手，另一只手指着作家修剪整齐的胡须说道："先生的胡须真可谓是与众不同，很有品位，还十分有魅力。"女记者的话正说到了作家心坎上，原来，刚被女记者称赞的胡须是作家精心留下并修剪打理的，可是却少有人对他的胡须进行赞美。今天被女记者这样一称赞，正好夸到点子上，一下子夸到了作家的心坎里，他顿时喜上眉梢。结果可想而知，女记者对作家进行了独家专访，而且两人还成了好朋友。

夸在点子上，即恰到好处的赞美往往会给对方留下很深的印象，对方会通过你细心发现的赞美而更加希望多了解你这个人，同时他会对你身上的某种不易被人发觉的特质大加赞美，你来我往，无形之中拉近了人与人之间的距离。

几年前，老王随着女儿从东北来到上海。住在高楼大厦中的老王整天觉得自己浑身上下都不自在，没有什么朋友可以聊天谈心，无所事事的老王成天在楼下花园里闲逛来打发时间。

一天，老王准备上楼回家吃饭，走在电梯口，见到对面邻居的一家人出来，这一家人好像是准备到外面去吃饭，老王一看人家三代同堂一起出去聚会，心中羡慕极了，对人家不住地赞美："你看你们家多好，儿孙满堂的，尽享天伦之乐。"说得一家人笑得合不拢嘴。从那以后，邻居家的人见了老王总是非常热情，后来，老王还和那家的老先生成了好朋友，两人经常一起散步、玩球。老王的一句赞美话看起来微不足道，但是，在我们这个家庭传统观念根深蒂固的社会，"共享天伦之乐"是每个人都非常渴望的，老王的话让他们感到了生活的美好。

巧妙美好的赞美是人们生活中不可或缺的生活调味剂，有了它，人与人之间的距离怎么能越走越远呢？想要消除两人间的隔阂，恰到好处的赞美才能够达到理想的效果。

我们赞美对方就是为了让其产生美好的感觉，因此，一定要去选他的"特别之处"，他身上非同一般的"闪光点"去赞美。倘若我们的赞美没有针对性，没有夸到点子上，那么很容易会引起别人的反感。

人的素质有高低之分，年龄有长幼之别，因人而异、突出个性、有特点的赞美与一般化的赞美相比，能收到更好的效果。当你与年老的长者交谈时，可以多赞美他引以为自豪的过去，因为老年人一般都希望别人能够记住他当年的业绩和往日的雄风；当你与年轻人交谈时，不妨语气稍微夸张地赞扬他的创造才能和雄心壮志，并举出几点实例证明他的确能够前程似锦；当你与商人交谈时，可以称赞他头脑灵活，生财有道；当你与有地位的领导干部交谈时，可以称赞他为国为民，廉洁清正；当你与知识分子交谈时，可以称赞他知识渊博、宁静淡泊……当然，这一切要依据事实，切不可虚夸。

每个人都或多或少有点自卑心理，他们都喜欢别人恭维自己一下，如称赞其聪明、漂亮、有才华、精力充沛……总是令人受用的。当然，"过分恭维别人，便是贱卖自己的人格。"赞美过度，会让人觉得你是阿谀奉承、拍马溜须之辈而生厌。恰如其分的赞美，则不失为博得别人好感和信任的方法。

每个人都有自己厌恶的东西，包括缺点在内，倘若他自己认为是缺点的东西，内心极为厌恶，但却被你夸奖，这会令人无法接受。比如你赞美某个人像电影明星，而他恰恰讨厌这个明星的相貌或性格，那你的赞美只会适得其反。倘若遇到一个其貌不扬的女子，你却偏偏赞美她长得漂亮，那么她一定会认为你是在嘲讽她。

所以，在赞美别人时一定要善于寻找到对方最希望被人赞美的地方。名人有名人优越的地方，在自知优越的地方，他们固然盼望得到别人公正的评价，但在那些还缺少自信的地方，尤其喜欢受到人家的恭维。例如一般的女孩子都喜欢听到别人称赞自己漂亮，但是对于那些姿色出众的女孩子，她们却希望别人赞美自己的聪明。那么，"你真聪明"之类的话会让她们感到惊喜万分。再比如，对一个刚刚升职的人，恭维他升迁还不如说"你可以在更大的天地里施展才华了"。

夸奖别人一定要夸到点子上，要有真实的情感体验，要有发自内心的真情实感。这样的赞美才不会给人虚假和牵强的感觉，这样的赞美往往会使对方听来十分亲切真实，感到赞美完全是自发内心的欣赏之情，这会使对方产生一种遇到"知音"的感觉，因而也更能够增进彼此之间的感情，缩短彼此之间的距离。带有真情实感的赞美不仅能体现人际交往中良好的互动关系，还能表达出自己内心的良好感受，对方也能感觉到你对他的真切关怀。

7. 赞美是办事成功不可或缺的工具

赞美是调动积极性、激励工作热情、实现工作目标的绝佳方法。人作为万物之灵，有自己的思想、情感和需求。

任何人在成长过程中，都渴望能够得到别人的欣赏和认可。欣赏能够增添动力，激发活力。得到他人欣赏，就是得到了一种肯定和激励，得到了一种慰藉和力量。

卡耐基说："赞美好比空气，人不能缺少。"心理学家威廉·詹姆斯也说："人类本性最深的企图之一是期望被人夸奖和肯定。渴望夸奖是每个人内心里的一种最基本的愿望。我们都希望自己的成绩与优点得到别人的认同，哪怕这种渴望在别人看来似乎带有点虚荣的成分。"

有一位妻子虚荣心比较重，当夫妻商量出席友人婚礼时，她缠着丈夫要买一顶昂贵的花帽。此时正值夫妻闹经济危机，丈夫自然不肯答应花这笔钱。争吵中，妻子赌气地说："人家小王和小林的爱人多大方，早就给自己的夫人买了这种花帽，人家哪里像你这样，小气鬼！"丈夫不愿争论，只是故意夸张地说："可是，她们两个有你这样漂亮吗？我敢说，她们如果有你这样美，根本就不用买帽子打扮了。"妻子一听丈夫的赞语，不觉转怒为笑，一场争吵也随之平息了。

一位著名的企业家给员工陈述了他年轻的时候发生的一件事情。在他还是一名见习服务员的时候，常常对生活感到极为不满意。特别是上班的第一天，他在杂货店里忙活了整整一天，累得筋疲力尽。他的帽子歪向了一边，工作服上沾满了点点污渍，双脚越来越疼。他感到疲倦和泄气，似乎觉得自己什么也做不好。好不容易为一位顾客列完了一张烦琐的账单，但是这位顾客的孩子们却三番五次地更换冰激凌的订单，此时的他已经忍耐到了极点。这时候，这一家人的父亲一边给他小费，一边笑着对他说："干得不错，你对我们照顾得真是太周到了！"突然之间，他就感觉到疲倦消失得无影无踪了。这位父亲太会赞美了。

后来，当经理问到他对头一天的工作感觉如何时，他回答说："挺好！那几句话似乎把一切都改变了。"

忙碌的现代人在繁忙中逐渐丢掉了许多东西，包括短短的几句赞美之语。其实，赞扬就像是照在人们心灵上的阳光，没有阳光，我们就无法发育和成长。赞美不仅是一种悦耳的声音，更是一种力量，一种可以提升我们生活质量的强大力量。赞美恰到好处，具有巨大的力量，方能使你事半功倍，财源亨通。

在生活和工作中，你应学会真诚地赞美。很多时候，你一定要先把别人哄好了再去谈正事。这时，你会发现自己离目标越来越近，你会发现自己的下属越发努力地工作。

只要肯定对方的能力，并给予高度的评价，然后提出自己的要求，那么任何人都乐意为你效劳。可见，赞美总能够激发起别人的自尊，当一个人受到赞美之后，就会不自觉地变得愉悦起来，并会努力保持这份荣誉，同时也会喜欢那些夸奖自己的人，这时，彼此的距离感就会缩短，那你想说服或请求对方的事情，自然容易办得多。因此，养成赞美别人的习惯对人对己都有好处。

第五章

用"玩笑"将不好说的话说出来

　　每个人都讲究脸面，因此某些话，我们不好直接说出来。我们要说服他人，又要顾及彼此的脸面，避免出现尴尬，怎么办呢？用开玩笑的方式说，用幽默的方式来说，此时将会派上大用场。因此，我们要想一开口就能说服所有人，先学会用"玩笑"将不好说的话说出来，先学会幽默风趣地说话吧！

1. 幽默的表达，就是别人听了感动舒服的话

生活中，我们常常会碰到一些人在我们面前不停抱怨，这时我们常常会给对方讲一些道理，帮助对方排解心中郁闷。有时候，我们会帮助对方调整好心绪，但有时候对方可能会因为我们的劝慰而更加烦躁，更有怨气。我们说服他人的关键是，对方是否能静下心来听我们提出的意见或建议。当我们以幽默的口气表达自己的看法，这更加能够让别人接受。

父母担负着养儿育女的重任，做父母的自然少不了对儿女的循循善诱。父母为教育孩子，都是劳心又劳力，但效果却截然不同。有的家长，大小道理都讲了不少，不但没教育好孩子，还让孩子非常厌烦，严重者还出现了很深的代沟。其实，教育孩子，话不在多，而在精。有时候，父母一个巧妙的小幽默，就能点醒孩子，让孩子受益一生。

一位小朋友问妈妈："妈妈，为什么人都有两只眼睛、两只耳朵、两只手、两只脚，却只有一个舌头呢？"

妈妈欣然答道："这是让人要多看，多听，多做，多走路，少说不该说的话啊！"

面对孩子的问题，这位母亲并没有从生理的角度给予回答，而是借此问题巧妙地让孩子明白一些为人处世的道理。可以想见，这位母亲机

智幽默的应答，一定比硬生生地向孩子灌输一些做人道理的教育有效得多。

一个不知名的小说作家对一位大师抱怨："很奇怪，我能在一周内写好我的文章，但要发表却需要让我等上整整一年。"

大师思索片刻，对这个作家说："倘若你换一种方式，用整整一年的时间来写文章，那么，你的文章一定能够在一周之内发表的。"

大师并没有直接指出这个小说家的不足，而是巧妙地转换了小说家的话语，从而委婉地指出该小说家的不足之处，让小说家有醍醐灌顶之感。大师既让小说家了解到自己的不足，又没有伤害到对方的尊严。

在工作中，尤其是服务行业的工作人员，在向服务对象讲一些需要让他明白的问题时，常常会遇到一些让人不予理解的情况。这时，生硬地与对方据理力争，只能起到反作用，但是倘若能够十分巧妙地用一些容易理解的小幽默来分析给对方听，一定能使对方更容易接受。

一个讳疾忌医的人患了急性盲肠炎，不得不住进医院，但他顽固地反对手术。他理直气壮地说："既然上帝把盲肠放在这里，那一定有他的道理的。"

"当然，当然，"医生很有礼貌地回答说，"上帝给你盲肠，就是让我能够把它拿出来啊！"病人一听，不禁笑了起来，然后欣然地接受了手术治疗。

医生面对顽固的病人，倘若态度恶劣，不但解决不了问题，还会使病人情绪激动，更加不利于手术。面对这位顽固的患者，这位聪明的医生只是幽默地顺着病人的问题，给出了一个让人意想不到的答案，就让病人乖乖地和医生合作了。小小的幽默，力量的确很大。

人们之间的交往，贵在心灵上的沟通。要想弹奏出双方心灵的共鸣，需要借助于幽默的语言。

幽默可以让人放松心情，产生心灵的共鸣。用幽默面对他人，你会发现：欢笑会使你们走得更近，并能填平双方之间的鸿沟。

幽默虽会令人发笑，但笑并不是唯一的目的。一般而言，幽默的语言更容易深入人心，在不着痕迹的情况下，达到打动他人、感染他人的目的。

有位刘先生住在平房里，一下雨房子就漏水，虽然多次向上级反映，一直也没有得到解决。

有一次，单位的领导前来慰问，领导问："你家房子漏不漏？"

刘先生乘机说："还行，也不是天天漏，只是在下雨的时候才漏！"

一个月之后，刘先生的房子就修好了。

以幽默的方式来表情达意，这是最高明的解决问题的办法，也是沟通的一个重要途径。因为它委婉含蓄，虽然没有说明自己的意思，但是已经在笑声中友好地向对方表明了自己的意思。

幽默是一种自然地表现机智诙谐的能力。它更是一种内在的境界，一种通过语言和行为来表达的态度和观念。幽默的语言，具有一定的新鲜性和趣味性，很容易吸引人们的注意力，从而打动人心。

幽默是一种特殊的情感交流方式，在交往时，可以用它来增强自己的吸引力、感染力，在愉悦的气氛中达到打动他人的目的。

一对青年恋人在路边大声争吵，眼看就要大动干戈。这时，邻居大婶撑着一把雨伞站到他们旁边，看他们吵架。

这对恋人看到她的举动，很不解，因为天气晴朗，并未下雨。他们禁不住停下争吵，好奇地问道："大婶，这么好的天气你撑伞做什么呢？"

大婶一本正经地说："待会儿肯定要下大雨。你看刚才（你们脸上）乌云密布，（嘴里）雷声轰隆，我看等下肯定会下大雨。"

这对恋人禁不住笑了起来，气也消了不少。

这位大婶并未直接制止即将发生的争执，而是把这对恋人争吵时的表情和语言比喻为下雨前的天气预兆，因而让二人之间的火药味稍稍散去。这种幽默的说服方式，更显出大婶的诙谐可爱。

幽默的劝服，不仅是一种高明的技巧，还能让对方感受到你的热情与温暖，从而更加容易采纳你的意见，让"忠言"也"顺耳"了。

很多时候，我们完全可以以幽默的方式来表达自己的想法与观点，使对方不至于丢了面子而怀恨在心，也能够达到自己的目的。当你真正地做到了这一点时，你便能够成为一个说服高手。

可能你会问："幽默不是天生的吗?"其实，幽默感可以在生活中慢慢培养。幽默并不是天才、高智商者、喜剧演员的专利品。在生活中，我们每个人都可以变得幽默一些，只要你学习让嘴角往上翘，换个新鲜的角度欣赏事物，即可学会幽默地表达自己的想法。那么，怎么培养自己的幽默细胞呢?

(1) 让自己变得乐观

乐观的人不一定幽默，但幽默的人必定是乐观的。生活中不管遇到什么困难，都有化解的办法，不妨多一点笑容和幽默，少一份沮丧和悲哀。一个心胸狭隘、思想消极的人是不会有幽默感的，幽默属于那些心宽气平、对生活充满热情的人。

即使在平淡的、不如意的生活中，也不要让自己变得灰心丧气，更不可与其他同事在一起发牢骚、唉声叹气，而要保持乐观的心境，让自己变得幽默起来。因为乐观和幽默可以消除彼此之间的敌意，营造一种亲近的人际氛围，并且有助于你自己和他人变得轻松，消除工作中的劳累。

(2) 扩大知识面

幽默是一种智慧的表现，它必须建立在丰富知识的基础上。一个人只有具有审时度势的能力、广博的知识，才能做到谈资丰富、妙语成趣，从而做到恰当的幽默。

因此，要培养幽默感必须广泛涉猎，充实自我。这就要求我们尽量博览群书，拓宽知识面。当你积累了丰富的知识后，在各种场合与各种人接触时，你都会胸有成竹、从容自若。

（3）适当的联想

幽默语言多夸张，但和一般语言的夸张不同，有出奇的巧思。说话幽默的人一定联想丰富。平时有意识地训练自己对事物的快速应变能力和分析能力，有助于锻炼你的联想能力。

（4）不断地积累

多读、多看、多听、多学，占有的幽默资料多了，可以模仿、借鉴、参考的素材就多。比如经常看一些文学作品，看一些幽默故事、脑筋急转弯等，对培养自己的幽默感都是有好处的。

（5）注意场合以及适用的对象

在你运用幽默的过程中，一定要注意运用的场合以及所适用的对象。对象必须是友善的、健康的，这样他们在聆听的过程中，便能感受到你的才华和睿智，而那些充满低级趣味的笑话只会令人厌恶。

2. 对付挑衅，幽默是最好的回击方式

在社交场合，有时会遇到别人有意无意地奚落、挖苦、讥讽或责难等，常常会人感到极深的刺痛，人格受到巨大的污辱，浑身感到不自在。并且一想起来就感到难受和气愤，使自己正在从事的工作、学习、生活受到前所未有的干扰。

显然，碰到这类不期而遇的人际交往"遭遇"，一种方式是消极地抵御，如因羞愧而无言以对，或夸张地爆发进行反对；另一种方式是积极地应对，如控制自己的情绪，保持冷静的头脑，以平稳的心态、急中生智的幽默、随机应变的思维，巧妙地给予反击，努力化被动为主动，从而使自己走出他人不良言论影响的阴影，使尴尬烟消云散。

采用前一种方式，倘若受害者保持沉默寡言，常会使对方感到你软弱可欺，进而得寸进尺，变本加厉地对你进行伤害；倘若你因此爆发愤怒的烈火，对方会说你太过敏，缺乏幽默感。同时，也将大大有损你的公众形象。假如采用后一种方式，就得巧妙地运用语言的艺术，用语言做"护心符"，努力从实际出发，视情况选择对策，着力筑起心理防卫的堤坝，这不仅能有效抵御寻衅者的行为，而且能赢得众多人的尊重和欢迎。

一次，萧伯纳的新剧本《武器与人》首次演出成功。剧终时，许

多观众要求萧伯纳上台，接受大家的祝贺。可是，当他走上舞台时，突然有个人冲到台前，对他大声喊叫："萧伯纳，你的剧本实在是糟透了！谁要看这个破戏！赶快收回，停演吧！"观众都大吃一惊，以为萧伯纳要大发脾气，可是，他不但不生气，反倒彬彬有礼地向那个人深深地鞠了一躬，微笑着说："我的朋友，你说得对，我完全赞同你的意见，但非常遗憾的是，我们两个人反对这么多观众有用吗？我们能禁止这个剧本的演出吗？"这一下子引爆了全场的哄堂大笑，紧接着是暴风骤雨般的热烈鼓掌。在掌声中，那个挑衅者只好灰溜溜地走了。如果萧伯纳直言对抗，尽管也能取胜，却无法取得如此奇妙的效果。

在一次记者招待会上，美国某记者心怀叵测地向周恩来总理发问："总理阁下，中国的路明明是人走的，为什么称它为马路？"总理不假思索，诙谐地答道："因为我们走的是马克思主义的路啊，按照中国的习惯，简称为'马路'。"这个记者一时语塞，但心犹不甘，停了一会儿仍以挑衅的口气说道："我们美国人总爱仰着头走路，中国人为什么总是喜欢低着头呢？"总理看了这个记者，然后以外交家的风度，不紧不慢地说："这有什么奇怪？我们走的是上坡路啊，当然要低着头。你们走下坡路可就不一样啦。"

一美国记者发觉周恩来总理的一支派克钢笔，便问道："请问总理阁下，连阁下也拥有一支派克钢笔，是否说明中国人喜欢我们美国的钢笔呢？"这问题显然是醉翁之意不在酒。周恩来一听，顺手拿起派克钢笔，意味深长地笑了一笑："说来话长啊！这支钢笔是一位朝鲜朋友送给我的，他是这是抗美战争的战利品。我是不习惯收礼的，可朋友说这个特殊的纪念品，它能让我们想起那并肩战斗的年代。这样，我便有了一支贵国的钢笔。"

没过两天，一位贵客来访。王主管吩咐新员工倒茶、递烟。做完这两件事之后，新员工就站在了旁边。王主管想为这位顾客点烟，发现桌上没有打火机，就气急败坏地对这位员工骂道："笨蛋！烟、打火机、烟灰缸这是环环相连的，这种相关联的事情不必另外吩咐！你聪明点好不好！"新员工连忙点头称是。

第二天，王主管感冒了，就让新员工去请医生来瞧瞧。没想到，这位新员工出去了三四个小时才回来。

王主管大怒，又骂道："笨蛋！怎么办这点小事就去了这么久？"新员工故意大声地回答："主管，您要知道，这要花费不少时间呢，现在医生、律师、棺材店老板、殡仪馆老板都在外面等着呢！"

傲慢刁难的王主管就这样被这位新来的员工用自己的方式好好地收拾了一回。当然，这只是一个逗人发笑的幽默故事，不过这对我们是一个启示，它告诉我们，当我们面对一些类似于王主管这样的对人没有起码尊重的上司时所应该有的一种态度。作为员工，要敢于幽默地表达自己的看法，提出自己合理的建议。只有这样，我们才会有更大的发展空间，才能离成功更近一些。

像这样的尴尬事件实在是太多了，而这些类似的情况都是无意造成的。但是在我们的社会当中，往往总是有一些人故意挑起事端，企图以巧言戏弄他人，陷人于尴尬境地。像这样的人当然是可憎的，但你恨他也无济于事，他就是这样的人，他是故意的，他的本意就是恶劣的，他就是那么过分。当遇到这样的情况时，我们不妨以幽默为武器予以还击。

幽默交际有很多种，大都是在日常交际场合。在人际交往中，幽默的情怀无疑就像暖暖的春风，可以吹散人们心中的紧张，可以缓解人们内心的焦虑，缩短彼此间的距离。幽默是胸襟豁达的表现，即使在不愉快中也能够消除尴尬，制造令人轻松高兴的心情。其中也不排除受到别人过分的嘲讽，当遇到这种处境窘迫的场合时，我们可以顺着对方的思路，通过自嘲来帮助自己从困境中解脱出来。从对方的弱点着手或者抓住对方弱点，反守为攻，来个攻其不备。当然，这就需要个人反应快捷、还要拿捏到位、做得恰到好处。

3. 消除误会，幽默能让人重修旧好

英国作家济斯塔栋曾经风趣地说："我比别人亲切三倍。因为我要是在公共汽车上让座位，那一下子可以坐下三个人。"

名人不仅以取笑自己的相貌来达到完美的沟通，还常常通过虚构故事来取笑自己。

林肯总统常通过开自己的玩笑的方式来与听众沟通。有一次，他讲了这样一则故事："有时候我觉得自己好像一个丑陋的人，这个丑人在森林里漫步时遇见一个老妇。老妇说：'你是我所见过的最丑的一个人。''我是身不由己。'丑人答道。'不，我不这么认为！'老妇说，'至少你可以做到待在家里不出门啊！'"

当你试图表达对某人的不满，又不愿意激化矛盾时，幽默往往是最好的武器。

有一家住户，水管漏得很厉害，院子里已经积满了水。修理工答应马上就来，结果等了大半天才见到他的身影。他懒洋洋地问住户："太太，现在情况怎么样啦？"

女主人说："还好，在等你的时候，孩子们已学会游泳了。"

这位女主人虽然说法过于夸张，但幽默的巧妙运用淡化了她对修理工的不满攻击。

把自己本身作为取笑的目标，可以沟通信息，表达看法，这是最令人折服、最能获得信赖的一种品质。

倘若你有一次在与人谈话或讨论中，发现有个人极端地反对你的看法。你想改变此人的看法，可以用三种方法：

第一种，你说："你这人又呆又笨又固执！"

第二种，你说："你的优点是猪脑袋、笨脑袋、硬脑袋。"

第三种，你说："我看出你认为我的脑袋像猪，又笨又硬。但是，这恰恰正是我的优点。"

第一种方法会获得怨恨；第二种方法会使沟通中断；第三种方法也许不能立刻改变那人的想法，但是至少他对你的认可程度提高了。

许多人会以取笑自己来达到双方满意的沟通。在这个世界上，人们没有理由不喜欢这样的人。倘若今后他们拿自己开玩笑时，我们只能同他们一起哈哈大笑，而没有半点怨言。

取笑自己的长相，或取笑自己做得不太漂亮的事情，会使你变得较有人性。倘若你碰巧长得英俊或美丽，要感谢上苍的赏赐；同时也不妨让人轻松一下，试着找找自己的缺点。倘若你真的没有什么有趣味的缺点，就去虚构一个，缺点通常不难找到。

某大公司的董事长和税务局长有矛盾，双方很难心平气和地坐在一起，可是又必须把他们都请来，参加一个重要的会议。他们不得不来了，但是双方都视而不见，犹如两个瞎子。

这时会议主持人抓住他们的矛盾，进行了一瞬间的趣味思考。他向人们介绍这位董事长时，说："下一位演讲的先生不用我介绍，但是他的确需要一个好的税务律师。"

听众爆发出一阵大笑，董事长和税务局长也都笑了。

在一般情况下，我们每个人的生活形态和经验，把我们与他人隔开。但是我们企图了解和接纳的需求，又把我们彼此联结起来。对事物进行趣味思考法，是实现了解和接纳的最有效的途径。

如何建立趣味思考法是十分困难的，因为每个人的情况不一样。一般经验是：不要正面提示或回答问题，而是用愉悦的、迂回的方式提示或回答问题。

正如前面提到的那位会议主持人那样，他用愉悦的、迂回的方式提示出董事长和税务局长之间的矛盾，用这一句话同时接近了两个人。趣味思考法来自我们对事物所持的态度，即积极向上的态度。乐观、开朗、心情豁达，都能使我们的思考变得有趣起来。

著名足球教练裴先生，是一个善于进行趣味思考的人。

有一次球赛，裴先生执教的汉江女子足球队在上半场输给海河队。可是他在休息室中一直与队员们开玩笑，直到要上场进行下半场比赛时，他才大喊："听着！"队员们惊惶失措地望着他，以为他要把每一个人都骂一通。但是裴先生接下来说："好吧！小姐们，走吧。"

没有责备，没有放马后炮，也没有指手画脚强调下半场如何踢球。裴先生的乐观豁达，使队员们克服了心理上的障碍，帮助他们忘掉艰难的处境。结果他的球队在下半场创造了奇迹，踢出了一连串漂亮的球。后来，裴先生对采访的人说："不是我赢了，而是我的趣味思考法赢了，我知道我们精神上赢了，那么球也赢了。"

趣味地思考可以从我们的感觉、举止、话语中产生。我们以感觉来打开别人情绪表达的通道，帮助他人对我们产生较好的感受。

每一个有经验的官员都知道，要使身边的下属能够和自己齐心合作，就有必要将自己的形象人性化。这个心理学与社会学范畴的观点广为商业、工业、教育、政治、文艺各界的领导者所采用。

在不尽如人意的生活中，幽默能帮助你排解愁苦，减轻生活的重负，用幽默的态度对待生活，使你不会总是愤世嫉俗，牢骚满腹。

4. 偶尔自嘲，是赢得好人缘的秘方

　　自嘲是一种重要的交际方法，所谓"自嘲"，顾名思义，就是运用嘲讽的语言和语气，自己戏弄自己，贬低、嘲笑自己。直言直语嘲笑别人是一种不礼貌的行为，用幽默嘲笑别人也难免会让人难过，而能用幽默的语言嘲笑自己却是豁达、智慧的表现。自嘲，要用自己的缺点巧妙地引申、发挥，自圆其说，搏人一笑。因此，自嘲者必定是智者中的智者，只有智者才不惧暴露缺点，只有智者才有能力将缺点说出幽默的意味。因此，自嘲可以说是幽默的最高境界，只有聪明的人才能驾驭，才能为自己赢得好人缘。

　　第二次世界大战初期，英国遭到德国法西斯的入侵。英国前首相丘吉尔前往美国，向罗斯福总统请求军火援助和共同抗击法西斯德国，而罗斯福总统则举棋不定。面对此种情形，丘吉尔首相大为不快。一次，当丘吉尔赤身裸体、大腹便便地沐浴时，不料罗斯福总统不宣而入。这种场面使双方都非常难堪。丘吉尔首相没有谴责对方不懂礼貌，而是耸耸肩，十分风趣地说："瞧，总统先生，我这个大英帝国的首相对你可是没有丝毫的隐瞒！"一句妙语，使进退两难的罗斯福总统捧腹大笑。丘吉尔的这句话掩饰了自己一丝不挂的窘态，同时含蓄地表明他的政治立场和态度也是毫无隐私与开诚布公的。这不仅恰到好处地打破了僵

局，融洽了气氛，而且博得罗斯福总统的好感。于是，罗斯福总统欣然同意给英国以战略援助。

一位青年到某杂志编辑部送稿，编辑看了之后问他："这篇文章是你自己写的吗？""当然，我足足用了一个月的时间构思，花了两天的时间写作。"编辑故作惊讶地说："啊，伟大的契科夫先生，您什么时候复活了啊？"青年的文章是抄袭契科夫著作的赝品。青年听了这话后，顿时满脸羞愧，十分内疚地离开了编辑部。

诙谐风趣是骨子里散发出来的一种气质，是幽默的最高境界。对待他人的错误，我们常采取严肃、认真的批评态度。但是，很多时候倘若我们能够风趣地幽对方一默，你会发现，结果是皆大欢喜的，而你将得到更多的欢迎和尊重。

说自己的缺点是一种自嘲，但这不是自轻自贱，而是一种豁达开朗和返朴归真的人性美的体现。有时趣说自己也是一种巧妙的应变技巧。没有足够自信心的人是无法做到自嘲的，因为他们生怕暴露自己的缺点，只想遮掩、躲避，哪里还敢拿自身的缺陷来"开涮"呢？

被誉为"宝岛十大才子"的我国台湾地区著名作家林清玄曾应邀到河北金融学院作演讲。会场上座无虚席，连过道上都挤满了人，大家都想一睹林清玄先生的"风采"。所以，当身材矮小又略带秃顶的林清玄一出现，全场一片哗然。

林清玄一点都不介意，仍然微笑着走上了讲台。讲台是多媒体台式讲桌，林清玄坐下后，顿时便"无影无踪"了。正在大家惊诧之际，林清玄站了起来，不无自嘲地说道："这桌子有点高喔！"全场观众不禁哈哈大笑起来。林清玄接着说："为了让大家近距离看清我'英俊帅气'的容貌，我就站到讲台下，接受同学们雪亮目光的'洗礼'吧！"

说罢，林清玄真的走下讲台，来到了同学跟前。全场观众都被他幽默的话语与举动逗乐了。

能够做到自嘲、轻松调侃自己缺点的人，一定是不以此缺点而自卑的。他们往往懂得欣赏自己的长处，表面上挖苦了自己，实际上却是一种极其自信的表现。时时这样，会表现出你的豁达、谦虚，最重要的是自信。

美国总统林肯其貌不扬。一次，一位议员斥责他是"两面派"。林肯沉着应对："诸位评评理，倘若我还有另外一副面孔的话，我还会带着这副难看的面孔来见大家吗？"

林肯用一句自嘲为自己摆脱了对方的责难。

自嘲谁也不伤害，最为安全。你可以用它活跃气氛，消除紧张，可以在尴尬中自找台阶，保全面子；在公共场合获得人情味，在特定环境下含沙射影，反击无理取闹之人。

幽默还能给人以友爱与宽容，用幽默来使自身乐观、豁达，不仅仅如此，幽默还能润滑现实，突破用其他方法无法突破的限制。

传说古代有个石学士，一次骑驴不慎摔在地上，一般人一定会不知所措，可是石学士却不慌不忙地站起来说："亏我是石学士，要是瓦的，还不摔成碎片？"一句妙语，说得在场的人哈哈大笑，自然这石学士也在笑声中免去了难堪。

一位胖子摔倒了，可说："倘若不是这一身肉托着，还不把骨头摔折了？"换成瘦子，又可说："要不是重量轻，这一摔就成了肉饼了！"

由此可见，自嘲时要对着自己的某个缺点猛烈开火容易妙趣横生。但就这份气度和勇气，别人也不会让你孤独自笑，而一般会陪你笑上几声的。

钢琴家波奇有一次在美国密歇根州的福林特演奏。当他出场的那一刻，才发现在座的人不到五成。他心里多少有点失落，但他知道不能让这种失落的情绪影响自己的演出。于是他走向舞台，向观众一鞠躬，然后对着观众说："福林特这个城市一定很有钱。"观众都很好奇波奇为什么这么说。稍停顿之后，波奇继续说："我看到你们每个人都买了三个座位的票。"观众都哈哈大笑，会场的气氛也变得不那么尴尬。就这样，波奇顺利完成了演出。

在一般情况下，观众太少，演员往往会感到尴尬，甚至生气，而波奇却能保持镇定，还用幽默调节气氛，不得不说这是一种良好的修养，一种充满魅力的交际技巧。

一位老师普通话不太标准，有一次上语文课，讲到某一问题要举例说明的时候，把"我有四个比方"说成了"我有四个屁放"，顿时教室里像炸开了锅一样，学生们哈哈大笑。老师灵机一动，脱口而出一首打油诗："四个屁放，大出洋相，各位同学，莫学我样，早日练好普通话，年轻潇洒又漂亮。"老师的机智幽默赢得了学生的热烈掌声。以后同学们也越来越喜欢上这位老师的课了。自嘲运用得好，不但可以为自己解围，还可以使交谈平添许多风采。增添一个人的个性，尤其是在初次见面的时候，即使你很不出众，但是你的自嘲一定会给人留下深刻的印象。但是如果自嘲用得不好，就会使对方反感，造成你们沟通的障碍。自嘲地审时度势，可以妙用，却不可以滥用。有些场合是不适合自嘲的，你要是自嘲的话反倒会给自己抹黑。此外，自嘲还要避免采取玩世不恭的态度。具有积极意义的自嘲，也是一种自尊自爱的体现。

适时适度地自嘲，能制造宽松和谐的交谈气氛，能使自己活得轻松洒脱，使人感到你的可爱和人情味，有时还能更有效地维护面子，建立起新的心理平衡。

5. 婉拒对方的好意，幽默是最好的招数

在生活中，有很多我们不想面对的人和事，要出其不意地敲对方一下，以便打退对方。如果缺乏机会，不妨制造机会，先使对方兴高采烈，使用幽默的语言，然后趁对方缺乏心理准备时，找到借口及时退出，从而达到拒绝的目的。

有一位"妻管严"，被老婆命令周末大扫除。正好几个同事约他去钓鱼，他只好回答："其实我是个钓鱼迷，很想去的。可成家以后，周末就经常被没收啊！"同事们听了都哈哈大笑，也就不再勉强他了。

用幽默的方式拒绝别人，有时可以故作神秘、深沉，然后突然点破，让对方在毫无准备的大笑中淡化失望的情绪。

有时候拒绝的话像是胡搅蛮缠，但因为它用幽默的方式表达出来，也就在起到拒绝目的的同时，让别人很愉快地接受了。

意大利音乐家罗西尼生于1792年2月29日，因为每4年才有一个闰年，所以等他过第18个生日时，他已72岁。他说这样可以省去许多麻烦。在过生日的前一天，一些朋友来告诉他，他们集了两万法郎，要为他立一座纪念碑。他听了以后说："浪费钱财！给我这笔钱，我自己站在那里好了！"

罗西尼本不同意朋友们的做法，但是他并没有正面回绝，而是提出

一个不切实际的想法:"给我这笔钱,我自己站在那里好了!"含蓄地指出朋友的做法太奢侈,点明其不合理性。

此外,还可以用假设的方法,虚拟出一个可能的结果,从而产生一个幽默的后果,而这个后果正好是你拒绝的理由。这样,不仅不至于引起不快,反而可能给别人带来一点启发。

一位演技很好、姿色出众但学历不高的女演员,对萧伯纳的才华早就敬而仰之。她平时生活在众星拱月的环境中,多少有一些高傲神气,总以为自己应该嫁给天下最优秀的男人。某次宴会中,她和萧伯纳相遇了,她自信十足,以最迷人的音调向萧伯纳说:"倘若以我的美貌,加上你的天才,生下一个孩子,一定是人类最最优秀的了!"

这位大文豪立刻微微地一笑,不急不慢地回答:"对极了。但是倘若这孩子长成了我的貌和你的才,那将会是一种什么样的情形呢?"

这位美女演员愣了一下子,明白了萧伯纳的拒绝之意了。她失望地离开了,但一点也不恨萧伯纳,反而成了他更忠实的读者和好朋友。

约翰·洛克菲勒是美国第一个亿万富翁,他不善言辞、神秘莫测,一生都在各种不同角色和层层神话的掩饰下度过。他的一生为慈善事业捐出的钱高达7.5亿美元之多。

有一次,在下班途中,一个陌生人拦住了洛克菲勒,述说着自己种种的不幸,好像这个世界上很多倒霉事都被他一个人遇到了。然后,他用恭维的口气对洛克菲勒说:"洛克菲勒先生,我从20里外步行来找您,路上遇到的每一个人都说你是纽约最慷慨、最大方的大人物。"

洛克菲勒知道这个拦路人是向他要钱,但是,他很不喜欢他的这种要钱方式。他虽然是一个不善言辞的人,但是幽默起来却也思维敏捷。他说:"你一会儿是不是还要按原路回去呢?"

那个人立刻回答说:"是的。"

于是,洛克菲勒说:"那太好了!我请你帮个忙,你一会儿告诉你刚刚遇到的每一个人说：'你们说的都是谣传'。"

在与人交往时，我们也会遇到一些事情，想要拒绝别人。拒绝人的方式有许多种，倘若直截了当地拒绝对方，难免会使双方都感到尴尬。洛克菲勒这种幽默风趣的拒绝方式不失为一种很好的方法。既委婉地拒绝了对方，又不伤和气。

由此可见，拒绝别人也需要幽默。别人对你的要求无论是赞同还是反对，你都有权利说"不"。只有这样，你才能顾及自己的实际情况，同时以真诚的态度面对对方。

一个人要会说"好"，也要在该拒绝的时候会说"不"。不会说"不"，你就不是一个品格完整的人，你会变成一个不情愿的奴隶，你会成为别人的需要和欲望下的牺牲品。

任何人都不希望"品尝"被拒绝的滋味，也不愿意将拒绝的话说出口，可是，迫于需要又不得不说。此时，怎样才能够把拒绝话说得更动听则显得极其重要。

6. 打破对方的忧虑，不妨讲几句幽默

　　善于言辞的人知道怎样用幽默的语言让原本的对立者接受自己的观点，怎样在摩擦中注入几滴润滑剂而不致碰得火星四溅，怎样将枯燥无味的气氛变得轻松融洽。

　　一个人会不会"说话"，并不是看他能否口若悬河滔滔不绝。说话的根本目的在于表达沟通。所以，一个人到底会不会"说话"，最重要的是说话的方式与表达的技巧。幽默的话语能够有效地润滑和缓解矛盾，调节人际关系，给人带来欢乐或以愉快的方式娱人。话说得恰到好处，说得能打动人心，你就是一个会"说话"的人。

　　意大利小提琴大师尼科罗·帕格尼尼凭借其高超的演奏技巧而名震欧洲。虽然他已经功成名就，但有时候也需要应付场合为一些完全不懂音乐的人演奏，这让这位音乐奇才痛苦不堪。

　　某日，一位附庸风雅的贵妇邀请帕格尼尼一起喝茶，并想借此让帕格尼尼为自己演奏，从而作为炫耀高雅的资本。虽然帕格尼尼本人并不情愿去，但碍于情面还是接受了邀请。

　　贵妇非常兴奋地说："帕格尼尼先生，您能来我真是感到万分的荣幸！对了，到时候请别忘记带上您可爱的提琴啊！""但是夫人，"帕格尼尼十分无奈地说道，"我的提琴可从不喝茶啊！"

在情面上，帕格尼尼自然不能直接回绝贵妇的要求，但他巧妙地利用"提琴"与"喝茶"间没有联系来表达自己的立场，这样既声明了自己的态度，也给了贵妇一个台阶下，不至于伤了彼此的和气。

这就是会说话的人，既能完整地表达自己的意思，又可以礼貌地维系相互之间的关系，使之不互相冲突。

幽默的话语不仅可以用在化解冲突之时，也可以用在安慰沮丧之时。在日常生活中，朋友之间把幽默的言语作为一种调料用以安慰，是温暖人心的一大法宝。

现代人的生活压力是很大的，我们经常面对很多烦恼和痛苦，使人不堪承受。幽默的话语给我们带来了笑声，使我们有了缓解压力、改变心境的可能。与此同时，在欢乐之中，也向人们展示了无穷的智慧。

伶牙俐齿、巧舌如簧能够使人在唇枪舌剑的辩论中纵横不倒。倘若能将幽默运用到你的辩驳之中，则更能避免直接驳斥带来的激烈争执，帮你给对手一个不失风度的漂亮回击。

幽默不仅能够以含蓄、婉转的力量帮助讲话者达到最佳的目的，而且在讽刺、攻击别人之时，也会让你的语言更加锋利，让人觉得辛辣异常。生活中难免会遇到有人故意制造难题，对人诋毁挑衅，遇到这样的事情，幽默不仅是我们用于进攻、打击对手的有力武器，还可以让我们在反击对方的同时，能够自始至终地保持自己的风度。

法国著名作家莫泊桑因文笔太过犀利，常常遭到一些傲慢贵族的奚落。一次，一位骄傲自大的公爵夫人在与他攀谈时说："说真的，你的小说没什么了不起，不过，你的胡子倒是很好看，你为什么要留这样一个大胡子呢？"

面对这样无理的提问，莫泊桑没有生气，而是淡淡地答道："这个大胡子至少能给那些对文学一窍不通的人一个赞美我的理由。"

以莫泊桑在小说中表现出的机智幽默，倘若仅仅是争论"莫泊桑的小说是否优秀"这个问题，那位公爵夫人肯定不会是这位文坛巨匠的对手。但倘若莫泊桑当真奋力为自己的小说辩护，只能让众人觉得莫泊桑没有风度，甚至认为他是一个十分自负的家伙。所以莫泊桑选择了以带有幽默的反讽来表达自己的不满，"暗地里"给了傲慢的贵夫人一个漂亮的回击，让对方来结束这场令自己不愉快的谈话。

莫泊桑的还击是含蓄而锋利的，犹如绵里藏针，而有的幽默还击则更为直接和辛辣。

孔融 10 岁的时候，随父亲到洛阳去。他们到当时名气很大的司隶校尉李元礼家去作客。到他家去的人，都是那些才智出众或有清高称誉的人。孔融小小年纪应对自知，李元礼和他的那些宾客均称奇。

太中大夫却说："小时了了，大未必佳。"意思是小的时候很聪明，长大了未必很有才华。孔融听后说："想君小时必当了了。"意思是我猜想您小的时候一定很聪明吧。

孔融巧妙地利用太中大夫的话来逆推，有力地进行了一次漂亮的反击。正所谓"以其人之道，还治其人之身。"

德国著名诗人歌德也是一位十分善于运用幽默反击对手的人。

有一次，歌德在散步时迎面走来了一位反对他的批评家。两人所走的街道非常狭窄，必须要有一位侧身相让，才能让另一位顺利通过。

这位批评家以其一贯的傲慢姿态对歌德说："你要知道，我这个人是从来不给傻瓜让路的！"

面对如此奚落，歌德却依然从容镇定，并笑着说："而我却恰恰相反。"说完便侧过身去，让批评家先行。

试想一下，倘若歌德以同样的无礼言语回应批评家，两人免不了发生一场不愉快的争执。要这样的话，无疑是有损歌德形象的。所以，歌德用顺势接过的一句话，既达到了反击对方的目的，又封住了对方的嘴，将一场风波化解了。如此巧妙的幽默，比起莽撞的争吵，自然更胜一筹。

很多时候，正面对抗或者回避问题，往往会引起怨恨或者使沟通和交流发生中断，而采取幽默的语言却能够非常巧妙地面对对方的挑衅，化解社交中遇到的难题。

面对他人的挑衅，幽默能让人以积极的心态，乐观的情绪迎接挑战。用一种幽默的方式思考问题，能够启示对方并与对方更好地沟通，赢得对方的理解和信赖。

第六章

让对方支持你，不妨采取迂回说服

我们在说服他人时，难免与对方的目标和诉求不一致。此时，我们将不可避免地遭到对方的抵制。我们要说服对方，让对方从抵制转而来支持我们，与对方进行争论，强词夺理，是非常愚蠢的办法。而聪明的做法是，采取迂回的方法去说服，从侧面去攻克对方的"防线"。

1. 你先放出"鱼"，再等待别人"放饵"

各种商店或者公司的广告词，写得都非常的吸引人。比如"圣诞节了，如此圣洁温馨的节日，你准备送她什么？""情人节到了，你和她准备如何浪漫地度过？"这就是下诱饵的一种方法，话就看你怎么说了。很多时候，我们只有先放出自己的"鱼"，然后再等待别人的"饵"。

在现今的销售环境中，那些化解客户拒绝的惯常方法，比如增加拜访次数，与客户搞好关系，等等。现在已经很难在销售员的实际工作中发挥作用了，原因就是诱饵没有下好。社会是不断发展变化的，这些曾经的黄金招数该更新换代了。

晓林是一位初中三年级的学生，非常喜欢漫画。有一天，他在学校附近的书店偶然发现了一套名叫《经典漫画》的漫画，内容十分精彩，形象逼真。于是，心里想着租几天看看。谁知道一问老板，书店平日里只往外卖书，偶尔租书也是一些比较破旧的小说，像这种精装版的漫画是绝对不会出租的。书店的老板回绝了晓林的要求，为此他郁闷了好一阵子。

后来，晓林一直惦记着那套漫画。就像得了心病一样，爸爸还以为他学习太劳累生病了。他是多么想买下那本漫画，但是他只是一个没有任何收入的学生。再说已经上初三了，课程十分紧张，给爸爸要钱买漫画书，他肯定会责骂自己。

忽然，有一天，晓林在另外一家书店意外地又看到了那本漫画，虽然知道这里多半也不出租，由于爱书心切，晓林还是抱着试一试的态度询问了一下。

这时，书店老板打量了晓林一眼，非常抱歉地说："不好意思，这套书不出租。"看着晓林满脸的失望，书店老板又问道，"小伙子，你是不是很喜欢漫画？"

晓林很干脆地回答说："嗯，我从小就喜欢。"

"看起来你很喜欢这套漫画，是吗？"书店老板又问道。

"当然。"晓林觉得这简直是废话，老板很啰唆。

"你以前买过漫画吗？"老板又问道。

"买过，而且还不少。"晓林回答道。

书店老板又问："你经常租书看吗？"

"嗯，三五天就会租一本。"晓林说。

老板听到这里以后，给晓林算了一笔账："小伙子，你看你每个月大概要看 6 到 10 本书，也就是说，几乎每天都在看书。按照我们这里的规定，一个月租书的费用应该在 10 块钱以上。这套漫画总共 4 本，一共 40 块钱，也就相当于你 3 个月租书的钱。假如买下它，以后你就拥有一套心爱的漫画书，随时都可以看，还能和别人交换，而代价是 3 个月不能租书。假如租书，也许你会看到更多的书，但是质量很难保证，而且看完之后还得还给书店。这套漫画书店里数量很少，假如出租的话很容易损坏，喜欢书的人都不希望看到这一点，这也是不出租的根本原因。"

最后，书店老板问晓林："爱书的人总是买书来看，而不是租书来看。你觉得是不是这个道理？"

晓林在听老板这番话的过程中，不停地点头。尤其是听了老板最后的一句话时，觉得确实很有道理，甚至感觉老板的弦外之音是："如此爱书，还舍不得买书？"更是显得有些不好意思。

最终，晓林买走了那套漫画，并成为那家书店的常客。

这位老板很聪明，从双方的共同点开始。看似不断强调他们都是为相同的目标而努力，其实是给晓林下了一个诱饵。西方有位心理学家曾这样论述："一个'否定'的反应，是最不容易突破的障碍。当一个人说'不'时，他所有的人格尊严，都要求他坚持到底。也许事后他觉得自己的'不'说错了，然而，他必须考虑到自己的自尊。既然说出了口，他就得坚持下去，因此一开始就把握火候使对方采取肯定明确的态度，是最重要的。"看来把握好说话的技巧，往往能够在不知不觉中将对方引向自己，让他接受自己的观点，从而达到你的目的。

苏珊女士在美国新罕布夏州买了套新房子，可她很快就发现，下雨时自己的新房居然漏水！雨水小的时候，影响还不太大，但是当雨下得很大的时候，雨水会渗进房屋底层的水泥地板中，地板出现了裂痕；水流进地下室后，损坏了她的热水器等多项设备。看到这种情形，她十分愤怒，并知道这应该是承建商没有在房子附近修理排污沟导致的。于是，在了解到详情后她准备找承建商解决问题。虽然她几乎愤怒到了极点，但是在临去之前还是仔细考虑了一番，最后要求自己要用友善的态度和对方说话，并用理解的心态与对方交谈。因为她知道光是发火解决不了任何问题。

见到承建商的接待人员后，苏珊女士语气平和，态度友善地了解了公司的建房情况，并适当地表示出关心，且说自己出差了一段时间，等出差回来才发现雨水淹没地下室的"小"问题，并提出希望承建商能够帮忙解决问题，她会感激不尽。对方同样也很友善地向她表示歉意，承认责任在于公司设计的疏忽，并答应她会尽快地处理此事。第二天，承建公司便打来电话，通知她公司会赔偿她损坏的所有设备，并且会在房子附近修理排污沟，以免以后再发生类似的事情。

像苏珊女士这种房主与承建商之间的矛盾，在当地是很难解决的问题。当同事得知苏珊女士轻而易举地解决了此事情后，都向苏珊女士询问情况。苏珊女士说："虽然从责任角度，这个问题是承包商失误引起的，但是如果我不采取友善的态度，即使我再坚持让对方承担责任，这种事情也不能这么顺利地解决。"

生活中，每个人都会有生气愤怒的时候，但是当你愤怒的时候，你向那个令你愤怒的人发火、谩骂或者训斥，你认为别人会为你分担痛苦吗？当你生气的时候，带着那充满仇恨的目光，用充满火药味的语气、声调对待对方时，你认为对方会因此而产生自责心理吗？当你双手紧紧地握着拳头寻找对方时，你认为你想解决的事情会按照你想要的结果去解决吗？

中国有句谚语说"和和气气生财旺"，的确，只有那些真正懂得友善的人，才能获得更高的办事效率，才能在更多方面获得成功。所以，在生活中，你不妨时时向他人施以友善的感情，从而使其在亏欠心理的影响下受你所使、为你所用。

2. 先提一个小要求，再一步步地加码

在很多时候，说服的困难在于对方根本不给你说服的机会。比如，你上门去推销公司的产品，你小心翼翼地敲开房门，满脸堆笑地对着开门的女主人说："哦，夫人，您需要……"

"对不起，我不需要，再见。""砰"的一声，门被关得严严实实。

你就这样一句话都没有说完就被人打发了，甚至你还可以听到女主人的抱怨声："讨厌，早知道是推销的就不开门了，耽误我的时间。"

对此，有一种由社会心理学提出的"登门槛"策略或许能够非常有效。"登门槛"策略是指当你想走进一间房子里却遭到主人拒绝后，你可以先说服主人让你的脚踏上门槛，然后说服他让你的一只脚迈进门槛内。达到这个目的，再说服他让你进到屋里去就不难了。

这就是说，试图说服与你的观点差距较大的人时，可以循序渐进地提出自己的要求：先提出较小的要求，待他接受以后，再提出较大的要求，就会达到改变对方态度的目的。

田婴是战国时齐国的一位贵族，他长期担任丞相，被封为靖郭君，在齐国地位显赫，极有权势。

靖郭君有着自己的封地——薛地。有一年，他要在薛地加修城墙，让城墙更高一些。当时城墙的高度是有规定的，要与主人的级别、身份

相适应。个人封地上的城墙不能超过国都的高度，否则，会被视为蔑视君主，是违法的。

听到靖郭君要增修城墙的决定后，门客们都觉得不妥，纷纷提出忠告。可是，靖郭君却一点也听不进别人的意见，他吩咐手下人说："凡是因修城墙的事来找我的，一律不要通报，一概都不见！"这时，再想劝靖郭君的人也真是无可奈何。

有位门客还是想提出意见，他想了个办法。他来到靖郭君的官府，立即遭到了守门人的拒绝，但他没有罢休，一再恳求说："请通报一下，我是有重要事情来的。我保证只向他讲三个字，要是多说一个字，我甘愿受刑！"

守门人见这人言辞恳切，又做了保证，便有些好奇，试探性地把这一情况报告了。

靖郭君听后，有些诧异。他想这人干什么来呢？说城墙的事，三个字讲不清呀！这是三个什么字呀，太奇怪了！

想到这里，靖郭君决定破例，他对守门人挥手示意："放他进来！"

来人被带进了会客室。见到靖郭君后，他快步上前，朝着靖郭君大声地说了三个字："海大鱼！"说完后，头也不回，转身就往外走。

"海大鱼？"什么意思？靖郭君飞快地想了想。接着，他喊了一声："喂，等一等，你的话没说完呀！"

那门客停住了脚步，故作惊奇地说："大人，我保证只说三个字，我不敢拿性命开玩笑啊！"

靖郭君笑了，他说："我赦免你。你把话说完吧。"

门客转回身，坐到了座位上，然后十分坦诚地说："大人听说过海中的大鱼吧，它在水中很有力量。用网去捕，网不着；用钩子去钩，钩不住。可是一不小心离开了海，落到了没水的地方以后，就连那小小的蚂蚁也可以欺侮它。您没想过，这是为什么吗？"

门客见靖郭君没有回答，便接着说道："其实大人也有'海'啊，这海就是齐国。您只要有齐国的庇护，加不加修城墙有什么关系呢？反过来，您要是失去了齐国的信任，没有了这'海'，那城墙就是像天一般高，又有什么用呢？"

靖郭君听完后，沉思起来。他叹了口气说："好吧，谢谢你的提醒！"他终于取消了加修城墙的计划。在靖郭君拒绝任何意见的情况下，这个聪明的门客以只讲"三个字"的妙计作保证，争取到被接见的机会。然后，他又故意说出莫名其妙的"海大鱼"三个字，引起对方的好奇，从而使自己有机会说出下文。这也是一种很奇妙的策略。

在澳大利亚墨尔本，女记者帕兰要去采访一位权威人士，打算请他就海洋动物保护问题做 15 分钟的广播讲话。

这位权威人士非常忙，曾经拒绝了很多记者的要求。倘若直接提出要占用他宝贵的 15 分钟时间，他很可能会拒绝，所以帕兰在电话里是这样说的："在百忙中打搅您实在是很不好意思，我们想请您就海洋动物保护问题谈谈看法，大概只要 3 分钟就够了。听说您日常安排极有规律，每天下午 4 点都要走出工作室，到户外散步。假如可能，我想是不是可以在今天下午的这个时间段拜访您？"

结果这位权威人士接受了这个要求，采访于当日下午 4 时准时开始。当帕兰与这位权威人士告别时，时间已过去了整整 20 分钟。帕兰达到了自己的目的，因为把 20 分钟的录音采访编制成 15 分钟的广播讲话，材料是足够的。女记者帕兰为了让对方接受采访，先提出一个小要求（只谈 3 分钟），当对方接受以后，在谈话中再诱导发问，使对方实际上接受了更高的要求（谈 20 分钟）。

在一般情况下，先提出较小的要求，人们总是容易接受的。接受了较小的要求，也就等于缩短了劝说者的观点与被劝说者的见解之间的差距，以此逐步提出最终要求，他也就不会感到惊奇，不会觉得不可接受了。

超级沟通心理学

3. 运用"模糊"语言，让对方自己去悟

　　装糊涂在人际交往中显得极其重要。心胸开阔些，宽容大度些，也就大事化小，小事化了了。倘若发生意见不一致，争论一阵，见不出高低，便不必再争论了。没有多少原则性的大是大非，为什么非要争个一清二楚呢？你知道自己的意见正确，对方同样认为自己正确，这样，就应当装糊涂，让争论在和平的气氛中结束。

　　假糊涂，其实是一种大聪明。有时候话说得过于明白真实，反而不会达到好的效果。倘若能够说得含糊一点，反而会起到更好的效果。在现实生活中，糊涂语言有着广泛的应用。我们经常碰到一些很尴尬的情景，这时候糊涂语言就派上了大用场。

　　有一次，一家旅馆招聘侍者，前来应聘的人很多。老板想考考他们："有一天当你走进客人的房间，发现一女子正在裸浴。这个时候，你应该怎么办？"

　　众人都抢着回答，有的飞快地说："对不起小姐，我不是故意的。"

　　有的说："小姐，我什么都没有看见。"老板听后不停地摇头，这时一个小伙子走上前说："对不起，对不起先生。"结果他被录用了。

　　这个小伙子说是巧妙地使用了糊涂的语言，使客人得到了心理上有安慰，同时也得到了老板的赏识。

在生活中，我们可能经常碰到一些不能回答但又不能不回答的事情，这时候同样可以巧妙地使用糊涂语言进行对答。

阿根廷著名的足球运动员迪戈·马拉多纳在 1986 年的世界杯上和英格兰球队相遇时打入的第一球是"颇有争议的手球"。据说墨西哥一位记者曾拍下了"用手拍球"的镜头。

后来，有一位记者问他，那个球是手球还是头球时，他十分机敏地回答："手球一半是迪戈的，头球一半是马拉多纳的。"马拉多纳的回答故意装糊涂，但是却颇具心计。假如他直言不讳地承认"确实如此"，那么无疑承认了这场比赛的不公正性，但是倘若不承认又有失足球明星的风度。这妙不可言的"一半"与"一半"，等于既承认了球是手臂撞入的，颇有明人不做暗事的大将气概，又在规则上肯定了裁判的权威，具有君子之风。

由此可见，在与人交流时使用糊涂语言的重要性，在与人交谈时还有一个重要的用处，就是使用糊涂语言能够给人台阶下，使双方都皆大欢喜。

某学校的一位女老师偶然发现有几为同学正拿着实验室的凸透镜在阳光下玩耍，刚好学校的实验室丢失了一面凸透镜。这时这几位同学发现了老师，神情惊慌极了，老师肯定了自己的判断。

但是老师并没有责怪他们，只是笑着说："哟，这凸透镜找到了，谢谢你们啊！昨天我到实验室准备实验，发现少了一个凸透镜，我想大概是搬迁过程中丢失了，我沿途找了好几遍都没有找到，谢谢你们帮我找到了这个凸透镜。这样吧，你们继续做实验，下午还给我也不迟。"

这几位同学也松了一口气，连忙答应了下来。下午这几位同学果然把凸透镜送了过来。

这位女老师非常聪明，她故意装糊涂，误以为他们帮助自己找到了凸透镜，将责备化成了感激，自然令学生在摆脱尴尬的同时又羞愧不已，老师的目的也顺利地实现了，同时也维护了学生们的自尊心。

由此可见，有时候装装糊涂、说说糊涂话还是非常有好处的。同样，在人生中，人们定会遇到许许多多令自己"难堪"的情境，对此，人们可以借助于"糊涂"，"忍让"一下，不过于斤斤计较，暂时"吃点小亏"，做点"退却姿态"。这种"糊涂"，可以让你有更多的时间去享受人生，具有"保护自己"的功能。但需要注意的是：说糊涂话要讲究场合、要看人才能收到预期效果。

很多时候，揣着明白装糊涂是一种人生的大智慧。在一些特殊的场合中，人要有猛虎伏林，蛟龙沉潭那样的伸屈变化之胸怀，让人难以预测，而自己才能够在此期间从容行事。当然，做到"明知故昧"绝非易事，倘若没有高度涵养，斤斤计较，是断然不行的。

4. 无声胜有声，适时沉默来表达态度

一提起沟通，你肯定首先想到语言和手势，但其实，沉默也是一种沟通法宝。然而，还是有些人害怕"冷场"。

面红耳赤争吵的两个人，都想说服对方，最终的结局多是不欢而散。此时，倘若一方能够适时沉默，那么效果一定会更好。沉默是理性的开始，并且引导双方冷静思考。适当保持沉默有时比激情的演说更有威慑力，沉默后的发言更容易得到别人的重视。

但是，沉默的时机并不是固定的，它可以出现在谈话的开始、中间、也可以出现在谈话的最后时刻。总的原则就是"避其锋芒"，观察对方有多急切地想表达观点，让对方说够，也给自己充足的时间倾听和思考，给对方制造一种被尊重的感觉。当然，凡事要有度，倘若沉默时间过长，让双方都觉得有些尴尬了，则要赶快找些话题，打破僵局。

从前，有个农民牵着一匹马到外地去，中午走到一家客栈用餐，他把马栓在旁边的一棵树上，这时有个商人骑着一匹马过来，将马也拴在这棵树上。见到这种情形，农民赶忙说："请不要把你的马拴在这棵树上，我的马还没有被驯服，它会踢死你的马。"但那商人不听，拴上马后便进了客栈。

一会儿，他们听到马的嘶叫声，两人急忙跑出来看，商人的马已被

踢死了。商人拽住农民就去见县官，要农民赔马。县官向农民提出了许多问题，农民却装作没听见似的，一字不答。

县官转而对商人说："他是个哑巴，叫我怎么判？"商人十分惊讶地说："我刚才见到他的时候，他还能够说话呢？"县官接着问商人："他刚才说了什么？"商人把刚才拴马时农民对他说的话重复了一遍，县官听后说："这样看来是你无理了，因为他事先曾警告过你。因此，他不应该赔偿你的马。"

这时农民开了口，他告诉县官："我之所以不回答问话，是想让商人自己把事情的全部经过讲清楚，这样，不是更容易弄清楚谁是谁非吗？"

由此可见，沉默是有力的武器。在日常交际中，遇到难以说清是非的问题时，你不妨也像这位农民一样，以无言应对喧哗，这会产生比硬碰硬更大的震慑力量。

台湾有一个经营印刷业的老板，在经营了多年之后突然萌发了退休的念头。他原来从美国购进了一批印刷机器，经过多年的使用，扣除磨损费应该还有250万美元的价值。他在心中打定主意，在出售这批机器的时候，一定不能以低于这250万的价格出让。有一个买主在谈判的时候，针对这台机器各种问题滔滔不绝地指出了很多缺点与不足，这让印刷业的老板感到气愤不已。但是他在自己刚要发作的时候，突然想起自己250万元的底价。于是，又冷静了下来，一言不发，看着那个人继续滔滔不绝。结果到了最后，那人再没有说话的气力，突然蹦出一句："嘿，老兄，我看你这个机器我最多能够给你350万元，再多的话我们可真是不要了。"于是，这个老板十分幸运地比计划多赚了整整100万元。

沉默并不是指一味地不说话，而是一种成竹在胸、沉着冷静的姿态，尤在神态上更是要表现出一种优势在握的感觉，而逼迫对方沉不住气，先亮底牌。但是，倘若你神态沮丧，霜打了的茄子一般，只能是山穷水尽的表现了。沉默只是表达力量的一种技巧而不是本身就是有优势力量。

"静者心多妙，超然思不群。"而沉不住气的人在冷静的人的面前往往最容易失败，因为急躁的心情已经占据他们的心灵，他们没有时间来考虑自己的处境和地位，更不会认真地坐下来思索真正的对策。在最常见的讨价还价中，他们总是不等对方发言，就不断地提出价格建议，最后却让别人钻了空子。

某位明星被曝光与一社会名流正在谈恋爱，一时之间，娱乐圈中掀起轩然大波，各家媒体纷纷想尽办法前去挖掘事件内幕，但是，在面对记者们的疯狂追问时，当事人却泰然自若，三缄其口，不动声色，经纪公司也保持沉默，表示对此一无所知。于是，几周，甚至几天之后，此事件便不了了之。显然，沉默是明星们拒绝绯闻的最佳方法。

当你觉得语言不能辩白，当你面对别人的蛮横无理之时，沉默将会是你最好的选择，也是最无声的抗拒。咬紧牙关，连"不"字都不说，因为说"不"，对于被拒绝的一方来说，意味着完成某件事情的希望又少了几分，倘若他非常渴望实现自己的目标，必定会想方设法用自己的理由来说服你不要拒绝。

尽管你可以告诉别人恰当的理由，给他指明另外的道路，但倘若对方仍旧死不放手，依然不愿就这样被你拒绝，那么势必会与你展开一场激烈的争论。无论争论的结果如何，对说"不"的一方来说，都是弊大于利的。即使通过讨论或争论，最终得到的共识依旧是拒绝，你终究已经浪费了大量精力在这件事上，这与你躲避不必要的麻烦、完成应该做的事情的原则不相符。倘若你稍微心软一点，在对方咄咄逼人的攻势之下，不慎掉入不得不接受的陷阱，那么吃亏的只会是你自己。

在生活中，我们常常会遇到这样的情形：当某位银行业务员向你推销他们发行的信用卡时，倘若你对此没有兴趣，表示拒绝的回答是："对不起，我已经办了好几张卡了，所以不需要。"那么，对方则很有可能抓住你的弱点进行回击："是吗？那您每天带着好几张卡出门，一定觉得很不方便吧！"

"还好啦！"你的回答通常会是这样，而这就让推销员更有机会深入话题，"其实您完全可以把这些卡丢掉，因为只要您办了我们银行新推出的信用卡，只需要一张就能够走遍全国，甚至在全球845个城市都可以随时享受我们优质的服务。因为这个月是推广月，现在办的话还可以享受免年费的优惠以及赠品……"

怎么办？原本是想拒绝对方，却因为对方实在是口才出众而变得难以拒绝。更有意思的是，自己拒绝的理由，反而为他进一步推广自己的产品做了铺垫。无论最终我们是否办了他们银行的信用卡，被对方打扰到已经是无法挽回的事实。

倘若你觉得有求于己的人是辩论高手，或自己不够心狠，很可能随时动摇，那么最好的应付方法就是，以沉默的态度来拒绝对方。因为没有了回应，再厉害的人也无法抓住语言中的弱点来顺势进攻。

当你遇到类似的情况时，任凭对方舌灿莲花吹嘘他的产品，我们都不予理会，在这种缺乏反应的状态下，不消几分钟，对方的语言就已经接近匮乏。而且由于得不到预期中的响应，他们的气势和信心也会逐渐降低，直到彻底放弃。

不过，沉默的拒绝并不是万灵丹，倘若对方的行为、语言的目的就是要让你沉默，这时你恰巧沉默以对，反而会助长对方的气势。倘若有人侵犯你的正当权益，如性骚扰、无端扣工资或者欺压等，对方当然希望你不要有所反应。这时沉默的拒绝便不再可行，正确的做法是尽一切努力让对方明白，自己对此相当不满，而且会采取自我保护手段，进行坚决抵抗。

5. 正话反说，利用逆反心理会让说服更有效

"三十六计"中有一计是"声东击西"，而正话反说正是追求这种效果。指哪并不打哪，操纵别人，在别人毫无知觉时，靠突袭得手。

战国时期，楚国有一位叫优孟的人非常能言善辩，他最擅长的本领就是在谈笑之间劝说国君。楚庄王有匹爱马，楚庄王看重这匹马远远超过人。比如他为马披上锦绣的衣服，将它养在华丽的房舍里，马站的地方设有床垫，并用枣脯来喂它。

但是，马却因为吃得太好太多，没过多久就患肥胖病死去了。楚庄王知道此事后难过极了，下令全体大臣给马戴孝，不仅准备给马做棺材，还要用大夫的礼仪来安葬马。

群臣对楚庄王的做法都极力反对，纷纷上书劝楚庄王别这样做。然而楚庄王对群臣的劝说简直是反感之极，并下令说："谁再敢对葬马这件事进谏，格杀勿论！"

迫于楚庄王的淫威，群臣都不敢再进谏。优孟听说这件事后，马上来到殿门，刚步入门阶就仰天大哭。楚庄王见他哭得这么伤心，觉得十分惊奇，问他为什么大哭。

优孟说："这匹死去的马是大王最疼爱的，楚国是堂堂大国，用大夫的礼仪来安葬，礼太薄了，一定要用国君的礼仪来安葬它。"

超级沟通心理学

楚庄王听到优孟不像群臣那样拼死劝谏，而是大力支持自己的主张，不觉喜上心头，很高兴地问道："照你看来，应该怎样办才好呢？"

"依我看来"，优孟清了清嗓子，慢吞吞地说，"以雕工做棺材，用耐朽的樟木做外椁，以上等木材围护棺椁，派士兵挖掘墓穴，命男女老少都参加挑土修墓，齐王、赵王陪祭在前面，韩王、魏王护卫在后面，用牛、羊、猪来隆重祭祀，给马建庙，封它万户城邑，将税收作为每年祭马的费用。"说到这里，优孟才将话锋一转，指出了庄王隆重葬马之害，"这样，诸侯听到大王对死马的葬礼如此隆重，都知道大王认为人卑贱而马尊贵了。"

这么一点，的确点到了楚庄王葬马的要害，一个统治者竟会"贱人而贵马"，必然为世人所厌弃。问题到了这样严重的地步，不能不使庄王大为震惊，说道："寡人要葬马的错误竟到了这么严重的地步吗？那么，到底该怎么办才好呢？"

优孟说："请让我为大王用葬六畜的办法来葬马吧：用土灶作外椁，用大锅作棺材，用姜枣作调味，用木兰除腥味，用禾秆作祭品，用火光做衣服，把它葬在人的肚肠里。"于是，庄王听从优孟的劝谏，派人把马交给掌管厨房之人去处理，不让此事传扬出去。

优孟采用的办法就是正话反说，不直接说出自己的意思，而是从相反的方向委婉含蓄地表达自己及众大臣的意愿，让楚庄王接受。

正话反说也是交谈中的技巧之一，其特点就是字面意思与本意完全相反，让听者自觉去领悟，从而接受你的意见。优孟因侍从楚庄王多年，熟知楚庄王的性情，知道对此时的楚庄王，忠言直谏、强行硬谏肯定是没有效果的，所以干脆从称赞、礼颂楚庄王"贵马"精神的后面烘托出另一种相反的又正是劝谏的真意——讽刺楚庄王的昏庸举动，从而把楚庄王逼入死胡同，不得不回头，改变自己的决定。在特定的情况下，采用正话反说的方法，会收到意想不到的奇效。

在日常交谈中，总会有一些让我们不便、不忍或语境不允许直说的话题，需要把"词锋"隐遁，或把"棱角"磨圆一些，或从相反的角度深入，使语意软化，便于听者接受。即说话人故意说些与本意相关或相似的事物，来烘托本来要直说的意思。

正话反说的方法是办事说话时的一种常用方法。反说出来的话能使本来也许困难的交往变得顺利起来，让听者在比较舒坦的氛围中接受信息。例如把"你这样做不好！"改成"你这样可能会产生某种后果，这种后果……"然后让听者自己理解这种后果的严重性，自然也就接受了你的建议或意见。

齐国有一个人得罪了齐景公，齐景公大怒，为了防止别人干预他这次杀人举动，他甚至下令："有敢于劝谏者，也定斩不误。"文武百官见国王如此愤怒，谁还敢上前自讨杀头之冤。晏子见武士们要对那人杀头肢解，急忙上前说："让我先试第一刀。"大家都觉得非常奇怪，晏相国平时是从不亲手杀的，今天是怎么一回事呢？只见晏子左手抓着那个人的头，右手磨着刀，突然仰面向坐在一旁的齐景公问道："古代贤明的君主要肢解人，你知道是从什么地方开始下刀吗？他命人将这个胆大包天的人绑在了殿下，要召集左右武士来肢解这个人。"齐景公赶忙离开座席，一边摇手一边说："别动手，别动手，把这人放了吧，都是寡人的过错。"那个人早已吓得半死，等他从惊悸中恢复过来，真不敢相信头还在自己肩上，连忙向晏子磕了三个大响头，死里逃生般地走了。

晏子在齐景公身边，经常通过这种正话反说的方法，迫使齐景公改变一些荒谬的决定。

在很多时候，正话反说可以放大荒谬，让别人更加清楚地见到了荒谬的真面目，从而达到了更好的劝谏效果。

在与人交谈的时候，总会有一些让我们不便、不忍或语境不允许直说的话题，这时候倘若能够从相反的角度深入，使语意软化，就会操纵

左侧竖排
超级沟通心理学

听者的认同感。在待人处世中，采用正话反说的方法，让自己的舌头打个弯，也许就能使本来很困难的交往变得顺利起来，让听者在比较舒坦的氛围中受你操纵。

6. 欲擒故纵，你也可反其道而行之

"欲擒故纵"中，"纵"不过是手段，"擒"才是目的。倘若你想要捉到猎物，不是不去追，而是要看怎样追。倘若把猎物逼急了，它也许会全力反拼，反而难以捉住猎物。那么，还不如先暂时放松一步，使猎物放松警惕，懈怠斗志，然后再伺机出击，手到擒来。

蜀汉建立之后，定下北伐大计。当时西南夷酋长孟获率十万大军侵犯蜀国。诸葛亮为了解决北伐的后顾之忧，决定亲自率兵先平孟获。蜀军主力到达泸水附近，诱敌出战，事先在山谷中埋下伏兵，孟获被诱入伏击圈内，兵败被擒。

按照常理来说，擒拿敌军主帅的目的已经达到，敌军一时也不会有很强的战斗力了，乘胜追击，自可大破敌军。但是深谋远虑的诸葛亮考虑到孟获在西南夷中威望很高，影响很大，倘若能够让他心悦诚服，主动请降，才会使南方真正稳定。否则，南方夷各个部落仍不会停止侵扰，后方难以安定。

于是，诸葛亮决定对孟获采取"攻心"战，毫不犹豫地释放了孟获。孟获表示下次定能击败你，诸葛亮笑而不答。孟获回营，拖走所有船只，据守泸水南岸，阻止蜀军渡河。诸葛亮乘敌不备，从敌人不设防的下流偷渡过河，并袭击了孟获的粮仓。孟获得此消息简直愤怒到极

超级沟通心理学

致，立马要严惩将士，激起将士的反抗，于是相约投降，趁孟获不备，将孟获绑赴蜀营。诸葛亮见孟获仍不服，便再次释放。以后孟获又施了许多计策，都被诸葛亮识破，四次被擒，四次被释放。最后一次，诸葛亮火烧孟获的藤甲兵，第七次生擒孟获。这次终于感动了孟获，他真诚地感谢诸葛亮七次不杀之恩，誓不再反。从此，蜀国西南安定，诸葛亮才得以举兵北伐。

诸葛亮七擒七纵，并非感情用事，他的最终目的是在政治上利用孟获的影响，稳住南方，在地盘上，次次乘机扩大疆土。在军事谋略上，有"变"和"常"二字。释放敌人主帅，不属常例。在通常情况下，抓住了敌人不可轻易放掉，以免后患。而诸葛亮审时度势，采用攻心之计，七擒七纵，将主动权掌握在自己的手上，最后终于达到目的。

欲擒故纵的战术不仅军事家善用，商家更是精通。

有一位年轻的顾客前来珠宝行购买一条项链，对于同样价值的白金与黄金，她游离不定、拿不定主意到底应该选哪种色泽。服务生怕时间久了会影响她的购物欲从而抽身，这时不妨用"欲擒故纵法"促其购买的决心。

服务生："小姐，你的皮肤很白，一白压三色呀!"

顾客："是的，谢谢你的夸奖，别人都这么说!"

服务生："美容师都说皮肤白的人最好穿戴装扮了，配什么颜色都好看!"

顾客："是的，我也听别人这么说。"

服务生："那么，这两种颜色的项链配上你的白皮肤都好看，金黄让你白皙的脖子更加妩媚，白金会使你更加典雅纯洁。"

就这样的"是的"惯性法，让对方不可避免地走进她自己的肯定中。从而爽快买单。

在一个销售员面对顾客要求退发电机时的处理过程中，也是用上了这种招数，让顾客心悦诚服地带回了自己的货物。

销售员："室内温度是不是 39℃？"

顾客："是的，是 39℃。"

销售员："我的产品说明书有一条中，是不是说明了发电机发电时高于室内温度 30℃？"

顾客："是的，有这一条。"

销售员："你端着一杯 69℃的温热水，是不是感觉发热？"

顾客："是的。"

销售员："所以我的发电机在处于 69℃时，你也会感觉发热，这是很正常的对不对？你不能因为发热而退货呀！"

结果可想而知，顾客没有退货。

由此可见，在出售商品的时候，你完全可以采用"欲擒故纵"的方法使对方一步步地误入"圈套"之中，然后按照你预期的目标向前发展。直到最后，顾客回答"是的"问话，一定会成功地实现商品的成交。

我们常说欲速则不达，也说明急于求成是不明智的选择。所以，处理任何事都要学会掌握节奏。要想达成某一目标，我们不能直冲着目标而去，而应学会迂回环绕。比如，面对一座极为陡峭的高山险峰，我们不要冒险去直接攀缘直壁而上，我们可以绕着山路环行，最后才能够安全地到达山顶。我们捕鱼时，要一点点地将水淘干，让鱼儿慢慢地失去容身之地，自己暴露出来，而不是要跳到水中乱抓乱搅，因为如果那样做，恐怕一条鱼都不会捞到。

所以说，我们要学会欲擒故纵。比如我们要驯服一条狗，并不是要用一条锁链将其牢牢地拴住就行了，真正驯服一条狗需要一步步地驯化，先要任其野性张扬，慢慢地利用喂食等进行驯化。假如只是简单地将它拴住，狗不但不会驯服，反而会越来越狂，狂吠不止，甚至还可能见人就咬。

我们都知道，一截钢条，要想将它弄弯，直接用力去折，怕是会将其折成两半，但是如果先用火烧红，再用锤头敲打，则可使其成为我们想要的形状。同样的道理，为了更好地控制对方，我们不妨故意先放松一步，使其放松警惕，不作防范，然后在对方不知不觉时将其掌控。

7. 你先激将他，再耐心说服他

激将法是人们经常使用的一种方法，它是有意识地使用刺激性的语言，以激发对方的自尊心，从而使其振奋，或者是为了达到某种目的而故意激怒对方。但是，这种刺激不是简单的讽刺、挖苦，而是有意地让对方的思维能够按照你希望的路线发展。

通常使用激将法不是从正面劝导对方，而是由反面来激励或刺激对方，使对方改变原有状态，放弃自己原先的观点。因此，当我们使用激将法时，要特别注意在"刺激"中必须加以"引导"，将对方的情绪引导至事先规划的路线，以达到最后的目的。

激将法在实际运用中，具有各种各样的具体形式。譬如直激法，也就是直接地贬低、刺激、羞辱或激怒对方，以使对方承受不住，从而达到预期目的。另外，我们也可以采用含蓄的间接激励法，有意识地褒扬第三者，以贬低我们的谈话对象，从而激发其决心。

此外，使用激将法时，还要视对象的个性、所处环境以及条件等因素因地制宜，千万不能滥用。同时，运用时要掌握好分寸，不能过急或过缓。过急就是欲速则不达，效果适得其反；反之，过缓则对方无动于衷，无法唤起对方的自尊心，达不到激将的目的。

东汉末年，天下大乱，群雄纷争。曹操挟天子以令诸侯，打败袁绍

超级沟通心理学

军队，占领青州、冀州、幽州、并州，控制了北方。

建安十三年夏历九月，曹操率兵大举南征，志在荆州。当时，荆州刺史刘表刚死，由其次子刘琮继位。由于刘琮畏惧曹军势力庞大，所以不战而降。这个时候，正寄身在荆州新野县的刘备等人听说刘琮投降，急忙率领军民逃离荆州。可是，曹操却派兵一路追击，先在当阳、长阪大破刘备，并乘势占领江陵。刘备逃到夏口，曹操准备从江陵顺江东下，一举消灭刘备残军，乘势攻取孙权统治的东吴。

此时，刘备唯一的方法，就是想方设法与正在观望的孙权联手抗曹。于是，刘备命军师诸葛亮前往东吴求援。

孙权一见到诸葛亮，劈头就问："先生来东吴，是因为刘备被曹操逼得走投无路了吧？"

诸葛亮从容地答道："我来不仅是为了刘皇叔，也是为了您东吴的安全。"

孙权故作惊讶地问："此话怎讲？"

诸葛亮说："自从海内大乱，将军您起兵据有江东，刘皇叔亦收江南之众，共同和曹操并争天下。如今，曹操平定北方，南下荆州，力图威震四海。既然荆州已失，刘皇叔英雄无用武之地，遁走夏口。倘若曹操大军从江陵东下，攻占了夏口，下一个目标便是东吴。"

孙权说："那么，先生认为我到底应该如何处理呢？"

诸葛亮答道："将军可量力而为。倘若您认为东吴之众能与曹操相抗衡，就应该和他断绝一切联系，并下定决心抗击曹军；倘若您认为无力和曹操对抗，那就不如放下武器，向他投降称臣。现在将军是表面上假装服从他，但内心又迟疑不定。事情已如此紧迫，倘若还不做出决断，恐怕祸患立即就要来临了！"

孙权反问道："倘若像你所说，那么兵微将寡的刘备为什么不肯向曹操称臣呢？"

诸葛亮说："从前，田横只是齐国的一名壮士，他尚且不肯对汉高祖称臣，何况刘皇叔是英才盖世、天下仰慕的汉室后裔呢？他怎么可能会向曹操称臣！"

诸葛亮一番得体的话，正是针对具有强烈自尊心的孙权所说的。

由于孙权一向以英雄自许，倘若他投降曹操，那不是让自己颜面扫地吗？即使众人再仰慕他，他又如何争夺天下？本来三家争雄，曹操势大，刘备却依然不降，保持了英雄本色。倘若孙权投降了，则与刘备不能相比，但这是孙权绝对不能够接受的事情。再加上一经诸葛亮如此煽动，孙权的自尊心便膨胀起来，勃然色变，当即表态："刘豫州败军还不投降，我堂堂东吴大将，又怎能让东吴的土地和十万兵马受人控制呢！我意已决，更无他疑，必联合抗曹！但是，刘备刚刚吃了败仗，能担当如此重任吗？"

诸葛亮看到激将法将要成功，立刻分析形势，引导孙权进行抗曹。他接着说："刘皇叔虽然在长阪兵败，但士兵已陆续回来，加上关羽的水军，合计有精兵万人。同时，刘表长子刘琦也有万名士兵，愿意听从刘皇叔的调遣。反观曹军，虽号称 80 万，实际只有十几万人。曹军远道而来，又不断苦追刘皇叔，早已是疲惫不堪，可谓是'强弩之末'。按兵法说，这种情况会使曹军心理遭受挫折。再说，北方士兵不习惯水战，而荆州降兵也只是迫于曹军威势而投降，并非心悦诚服，肯定不会替曹操卖命。所以将军若能派遣猛将，统率数万精兵，和刘皇叔协力作战，必可打败曹军！只要曹军一败，必定引军回北方。如此一来，荆州和东吴不仅可以保全，还能发展势力，与北方的曹操形成鼎足之势。至于最终是成是败，现在就完全取决于您了！"

听完诸葛亮的分析，孙权大喜，派周瑜、程普、鲁肃等大将率领三万水军，随同诸葛亮至夏口，会合刘备的部队联合抗曹。随后，爆发了三国时期最大的一场战争——赤壁之战。赤壁一战后，立足荆州的刘备建立了蜀汉政权，和北方的曹魏、东面的孙吴形成了三分天下、鼎足而立之势。

诸葛亮之所以能取得成功，在于他以巧妙含蓄的方式使用了激将法。除了触动孙权的自尊心外，也激发了他自爱、虚荣、好胜的情感，同时引发了战斗热情，进而诱导他按照自己既定的企图行事，最终达到了预期的目的。

8. 迎合对方，顺着对方说"是"

著名口才大师卡耐基先生曾说："即使你喜欢吃香蕉、三明治，但是你不能用这些东西去钓鱼，因为鱼并不喜欢它们。你想钓到鱼，必须下鱼饵才行。"一个聪明的人在说服别人的时候，懂得迎合别人的嗜好，这样能让对方感觉到受重视、受尊重。当然，这个"迎"，一定要迎合得巧妙，不能让对方看出任何破绽。

一个愚蠢的人在说服别人的时候，只谈论自己，从来不考虑别人，这样的人永远不会得到别人的认同。说服别人的诀窍在于，迎合他人的兴趣，谈论他最为喜欢的事情。

每个人都有自己感兴趣的东西，比如有的人喜欢篮球，有的人喜欢军事，有的人喜欢音乐，有的人对演艺圈的八卦新闻感兴趣，有的人对书法绘画感兴趣，有的人对烹调食物感兴趣，有的人对神秘现象着迷，等等。总之，每个人都有一项或是多项的兴趣，会说话的人往往在说服别人的过程中，懂得迎合别人的兴趣，顺着别人的意思说"是"。

有一位推销员和一位太太对话时，就使用了附和语言策略。

"太太，你的皮肤很适合用本公司化妆品。"

"可是，我已经有化妆品了呀！"

"哦！你已有化妆品了？"

"嗯，我用的是资生堂的化妆品，差不多该有的都有了。"

"都有了？"

"是啊！像我这种年纪的女人，平时不常出门。"

"哦，原来你很少出门。"

"不过，我的女儿都快要成家了，以后参加婚宴的机会可能会多一些。"

"唔，太太你的皮肤很不错。"

"还好啦！每个女人都希望自己更漂亮一些，尤其是我们这种年纪的女人。"

就这样，两个人一直顺势谈下去，那位推销员就是用这种附和的语言策略，先取得她的好感，然后一步步化解她的心防，了解了她的内心需求，再提出她想要的服务；而这位太太也觉得这名推销员善解人意，便爽快地买下他的化妆品，尽管她已经有够多的化妆品，但还是难以拒绝推销员的好心建议。

由此可知，在和人对话时，专心倾听对方所说的每一句话，自然会使对方感到受尊重，对方也比较容易说出真心话。

在附和对方的语言时，你会不自觉地附带某种表情，如一面答应对方的话，一面点头表示赞同，这就是立即肯定和接受对方的谈话内容。假如慢慢地点头，就表示你的赞同是经过认真考虑的。假如我们仔细观察就可以发现，女性在听人家说话时，点头的次数比男性多。

当她们说着"嗯""是啊""真的是那么回事"等肯定语言时，总是不停地点头。

事实上，她们点头只是出于情绪的反应，并不表示她们把话听懂或听进去了，女人是情绪性的动物，她们只不过是被对方的情绪所感染，在情绪上表示赞同而已。

相对地，当你与喜欢附和别人说话的人打交道时，一定要先分析他之所以这么做的目的，是真诚还是伪善，是别有企图还是出于礼貌而已。

倘若你能够认真分析其中差别，必然有助于你在社交场合中避免被骗或是被人设计。再者，自己为自己帮腔是一种奇妙的现象。

例如，说话者已经被自己所营造的语言气氛所感染陶醉，一面说话一面肯定自己，一人同时扮演说者和听者的角色。所谓的自言自语就是如此。

某些演员故意在表演中运用这种技巧来渲染当时的气氛，以加深剧情的吸引力。这种人通常是自我主义者，喜欢唱独角戏，同时兼具说、听两者的双重身份，即是出于一种不允许任何人反驳，只有我一个人说了才算的固执心态。

话虽如此，但我们不得不承认，这种人在说服对方时，也有一定的魅力。

为了博得老设计师的欢心，王小姐事先做了一番调查，她了解到老设计师平时喜欢作画，便花了几天时间读了几本中国美术方面的书籍。她来到老设计师家中，刚开始，老设计师对她态度很冷淡，王小姐就装作不经意地发现老设计师的画案上放着一幅刚画完的国画，便边欣赏边称赞道："老先生的这幅丹青，景象新奇，意境宏深，真是好画啊!"一番话使老先生升腾起愉悦感和自豪感。

接着，王小姐又说："老先生，您是学清代山水名家石涛的风格吧?"这样，就进一步激发了老设计师的谈话兴趣。果然，他的态度立马转变了，话也多了起来。接着，王小姐对所谈话题着意挖掘，环环相扣，使两人的感情越来越近。终于，王小姐说服了老设计师，出任其公司的设计顾问。人类本质里最深层的驱动力就是希望自己具有重要性。你要别人怎么待你，就得先怎样待别人。那么，倘若你想说服别人同意你的观点与看法，那么你就得学会迎合别人的兴趣，顺着别人的意思说话。

一些人在推销节油汽车时，一见顾客就开门见山地说明这种汽车可为顾客省很多汽油，等等，结果往往会招致反感，吃闭门羹。林小姐也是一位节油汽车推销员，但是她很会利用给对方制造绝望感的说服方式。她常常会这样开头："先生，请教一个你所熟悉的问题，增加贵店利润的三大原则是什么？"

客户对这种话题肯定十分乐意回答。他会说："第一，降低进价；第二，提高售价，第三，减少开销。"

那么，林小姐就会立即抓住第三条接下去说："你说的句句是真言。特别是开销，那是无形中的损失。比如汽油费，一天节约 20 元，你想过会减少多少支出吗？倘若贵店有 3 辆车，一天节省 60 元，一个月就有 1800 元。发展下去，10 年可省 21 万元。倘若能够节约而不节约，岂不等于把百元钞票一张张撕掉？倘若把这一笔钱放在银行，以 5 分利计算，一年的利息就有 1 万多元，不知你有什么想法，觉得有没有节油的必要呢？"

听了林小姐的话，对方就会自觉地想到不能再"浪费"下去了，而要设法用节油车以解除这种恶劣状况，最终购买她的节油汽车。这种绝望进攻术常令对方感到情况严重，产生绝望感，而乐于接受说服者的观点，有很好的说服作用。

在与人交流时，我们要主动迎合别人的兴趣，顺着别人的意思去说话。当你真正做到这一点时，很多问题就会迎刃而解，很多目标就能够变成现实。这便是口才的力量。一个出众的说服者一定能够懂得这个道理，并将其灵活运用于人际交往之中。

不过，这里并不是要你做个凡事顺逆之人，做一个没有"自我"的人，倘若你真的如此，那你就成为别人的影子了。"顺着人心"只是方法，而不是目的，你如果能成熟地运用这个方法，别人就会在不知不觉之中受到你的影响，甚至接受你的意志。那么，如何顺着人心呢？

（1）倾听

很多人都有发表欲，倘若他在社会上已有一些成就，更有不可抑止的发表欲，当他滔滔不绝的时候，你就做一个倾听者；一则你的倾听可让对方满足发表欲，他一满足，对你就不会有恶感；二则你可在倾听中了解他的个性和观念。然后，你要顺着他的谈话，发出"嗯，啊"的赞同声，还可以在恰当的时机提出一些问题让对方说明。如果你这样做了，你便能赢得对方的好感，甚至使对方更加相信你。

（2）不要辩论

倘若对方说的话你不能同意，你也不要提出辩驳，除非你们是好朋友。但如果你知他的交谈另有目的，则不宜和他辩论，因为有些事情并不能辩得明白，而且很可能越辩越气，最后不欢而散；倘若你辩倒对方，那很有可能会造成关系的中断！总而言之，请一定要记住，辩论不是你的最终目的。

（3）称赞

喜欢赞美是人类的天性，其实赞美也是一种爱抚。赞美什么呢？你可以赞美他的观念、见解、才能、家庭……反正对方有可能引以为荣的事情都可以赞美，这种做法所费不多，效果却十分惊人，所以也有人把"赞美"称为"灌迷汤"。

（4）引导

这是最重要的一步，倘若你一番"顺着人心"的功夫另有目的，尤其需要"引导"这最后的步骤。也就是说，你要在对方已经"满足"时，才把你的意思显现出来，但显现的方式还是要"顺着人心"，不要让对方感到不快，例如你应该这么说"我很同意你的观点，不过……"或"你的立场我能了解，可是……"，先站在对方的立场，再提出自己的立场，这样才能够将对方的意志引到你希望的地方去。

这样的方法可以用在平时与人相处，可以用在说服别人，也可以用在带领下属，效果可说是事半功倍。脾气再大、城府再深、主观性再强的人也吃不消这一招。

第七章

说话不要太满，给人留脸面就是给自己留退路

在说服他人时，我们不可避免地要坚持自己的底线，稍不留神就可能将话说得太满。如果这样，我们就将对方推入敌对状态之中，从而离说服他的目标越来越远，甚至产生难以估计的负面影响。因此，要时刻记住我们的目标是说服，而不是树敌，不能将话说得太满，给人留脸面就是给自己留退路。

1. 批评别人要注意方式，给人留脸给人台阶下

批评他人时应该就事论事，以不伤害他人自尊为前提。与此同时，要给他人一个台阶下，激烈的措辞只能使之心生怨恨，背离了你的根本目的。

批评是让人改正错误的方式，但是批评也要讲究艺术。恰当的批评会使对方敲响警钟，改正错误。反之，则会适得其反，弄巧成拙。

假如万一必须在现场当众批评人，其态度措辞要特别谨慎。以不刺伤他人的自尊为前提，否则很难达到批评人、改变人的目的。

1952 年，正在苏联访问的美国总统尼克松将去苏联其他城市访问。苏共总书记勃列日涅夫到莫斯科机场送行。正在这时，飞机出现故障，一个引擎怎么也发动不起来，机场地勤人员马上进行紧急检修。尼克松一行只得推迟登机。

勃列日涅夫远远看着，感到非常不好意思，眉头越皱越紧。为了掩饰自己的窘境和不安，他故作轻松地说："总统先生，真对不起，耽误了你的时间！"一面说着，一面指着飞机场上忙碌的人群问："你看，我应该怎样处分他们？"

"不，"尼克松说，"应该提升！要不是他们在起飞前发现故障，飞机一旦升空，那该多么可怕啊！"

超级沟通心理学

机场地勤人员只好苦笑作罢。这样的批评，实在是高明，表面上什么都没有，这话让人听起来也让人不疼不痒，但是它里面却藏着"玄机"。

一家餐馆里，一位顾客正把米饭里的砂子一粒一粒地拣出来摆放在桌子上。服务员看了不好意思地说："砂子不少吧？"顾客笑笑，点点头说："是啊，不过还是有一点米的。"

采用幽默的方式将责备之意传达给对方，能给对方一种相对较好的感觉，使对方更容易面对错误，接受谴责。而且还会感激你的大度。所以，批评也是一门大学问。

不同的人由于经历、知识、性格等各种自身素质的不同，接受批评的能力和方式也有很大的区别。人际关系中，我们应该根据不同人的特点，采取不同的批评技巧。但这些技巧有一个核心，那就是不损对方的面子，不伤对方的自尊心。不要让好心因为不恰当的语言而变成针对别人的刺刀，否则你这个好人就不好做了。

美国北卡罗来纳州王山市的凯塞琳·亚尔佛瑞德是一家纺纱工厂的工业工程督导。她的职责的一部分，是设计及保持各种激励员工的办法和标准，以使作业员能够生产出更多的纱线，而他们也能赚到更多的钱。

在他们只生产两三种不同纱线的时候，他们所用的办法还很不错。但是不久前他们扩大产品项目和生产能量，以便生产 12 种以上不同种类的纱线，原来的办法便不能以作业员的工作量而给予他们合理的报酬，因此也就不能激励他们增加生产量。

凯塞琳已经设计出一个新的办法，使他们能够根据每一个作业员在任何一段时间里所生产出来的纱线的等级，给予他们适当的报酬。

设计出这套新办法之后，凯塞琳参加了一个会议，她决心要向厂里的高级职员证明自己的办法是正确的。她详细地说明他们过去用的办法是错误的，并指出他们不能给予作业员公平待遇的地方，以及她为他们所准备的解决办法。

但是，凯塞琳完全失败了。她太忙于为自己的新办法辩护，而没有留下余地，让他们能够不失面子地承认老办法上的错误，于是她的建议也就胎死腹中。

在学习了几堂卡耐基训练课之后，凯塞琳深深地了解了自己所犯的错误。她请求召开另一次会议，而在这一次会议之中，她请他们说出问题到底出在什么地方，让他们讨论每一个要点，并请他们说出最好的解决办法。

在适当的时候，凯塞琳以低调的建议引导他们按照自己的意思把办法提出来。等到会议终止的时候，实际上也就等于是凯塞琳把自己的办法提出来，而他们也自然地接受这个办法。

凯塞琳说："我现在深信，如果你率直地指出某一个人不对，不但得不到好的效果，而且还会造成很大的损害。你指责别人只是剥夺了别人的自尊，并且使自己成为不受欢迎的人。"

张震将军某日视察某部，召集将、校军官十余人座谈。某部领导发言时，将军突然插话问："一个战士的津贴是多少？"

在座将校军官皆沉默，竟无一人能答。

张震将军没有直接批评他们，而是把话锋一转，说道："有个军阀叫张宗昌，人称三不知将军，一不知道自己有多少兵，二不知道自己有多少支枪，三不知道自己有多少个小老婆。"在座将校听了都面红耳赤。

一次，张震将军视察某部"红一连"。连长、指导员汇报道："连队四年达标，年年先进。"

张震将军问连长："你们达的什么标？"

连长支吾。

又问指导员、教导员，也答不上来。

再问团长、政委，结果也一样。

张震将军生气地说："达的什么标都不知道，还达什么标？有个旧戏，叫《法门寺》，太后在上面一喊，下边的人，不管听懂还是没有听懂，也跟着'嗯'地答应一声，然后一声声传下去，一声声往下'嗯'。我们可不能搞法门寺作风。"

张震将军通过类比的方法，对军队中的错误作风进行了尖锐的批评，既给官兵留了一定的面子，又把错误的性质点拨得入木三分，达到了很好的批评效果。

在批评别人的过失时措辞要客观、准确、婉转，不能主观从事，不能夸大其词，不要生硬直露，更不要纠缠旧账。不恰当的措辞，可能激怒对方。比如："你必须听我的，改变那种做法，否则……"这种命令威吓很难使人心服口服，即使可能出于下级服从上级的原因，表面服从了你，他的心里一定怨恨你。命令威吓是最伤人自尊的。为什么不能够表达得委婉一点："这种做法不符合上面的规定，会带来很多麻烦，我们看看怎样做才更好。"

许多可能是善意的批评，想帮助对方改变某些错误，但由于措辞不当，导致对方怨恨，甚至关系破裂，根本谈不上实现改变人的目的。善意但不讲究措辞的批评往往出现所谓"好心没好报"的后果。

在批评、纠正他人之前，先要停一下，想一想如何更客观、更准确、更婉转地达到目的。不要直率得让人觉得你粗俗简单、容易伤人。

保全他人面子的办法是给他人留下台阶。留下退路，让他人体面地退却。当对方已经明确表明某一态度和意见，而你要纠正他时，最好的办法是为他找一个适当的理由，这个理由不使他丢面子，又可使他全面地改变自己的观点和态度。就事说事把责任推给模糊的第三者，使当事人有台阶可下，这不失为一种聪明的方法。

2. 让别人觉得主意永远都是自己想出来的

试想一下，倘若一个想法是你自己思考的结果，而不是别人强加给你的，你是不是更有信心去实现它呢？所以，提出一些建议，启发别人自己去得出结论，这不是一个十分聪明的办法吗？

费城的赛尔兹先生召开了一次推销员会议，鼓励他的员工们告诉他，希望从他身上得到些什么，并把员工提出的意见，都写在了黑板上。然后他说："我尽力按你们希望的那样做，可是请你们告诉我，你们会以什么品质来回报我呢？"他很快有了满意的答案，那是忠心、诚实、乐观、进取、合作，每天 8 小时的热忱工作。甚至有人愿意每天工作 14 小时。结果，这次会议给公司带来了新的气象。后来，赛尔兹先生说："我和他们做的是一次精神上的交易。我遵守诺言，他们也尽职尽责。让他们说出自己的需要，那是他们极愿意接受的。"

在这个世界上，就像没有人喜欢被迫买一样东西，或是做一件事。我们都喜欢随自己的心意。倘若有人愿意听我们的想法与愿望，我们自然会非常乐意。

威尔逊是一家服装图样设计公司的推销员，他几乎每星期都去找纽约某位著名的设计家，这样持续了三年。威尔逊说："他从没有拒绝接见我，可是也从没有买过我的图样，他每次都用心地看我的图，然后

超级沟通心理学

说：'不，先生，让我再考虑考虑，今天我们还不能合作。'"

经过了150次的失败后，威尔逊决定用一种新方法。他拿了几张那些设计家们尚未完成的图样，走进那位买主的办公室，对买主说："我想请你帮我一点忙……这里有几张尚未设计完成的图样，请你告诉我，怎样完成，才能适合你的需要？"这位买主将图样看了一会，没有任何表示，顿了顿才说："你把图样先放在这里，过几天再来找我。"

一天后，威尔逊又去他那里，听了建议后，把图样拿回去，按照那位买主的意思续完。这笔交易结果如何？不用说这位买主完全接受了。

威尔逊说："现在我才知道过去失败的原因……我总是强迫他买我认为他需要的画。可是现在我请他提出他自己的意见，使他觉得那些图样是他自己设计的。现在不用我要求他，他自己也会来向我买。"

在这个故事中，威尔逊为什么开始时没有取得成功呢？原来，他只是一味地按照自己的意图行事。当你把荣誉与建议送给别人，让别人认为那是他们自己取得的或者想出来的，那么你便达到了自己的目的。

长岛有一位汽车商，用了同样的方法，把一辆旧汽车，卖给了一对苏格兰夫妇。过去这位汽车商，把汽车一辆又一辆地给那苏格兰人看，他们总是认为有毛病，不是嫌这辆车不合适，就是说那辆车有什么地方不好，再不就是价钱太高。当时这位汽车商，正在卡耐基讲习班上听讲，他向卡耐基请教。卡耐基建议他，别强迫那种犹豫不决的人买你的汽车，要让他自己来决定，你不必告诉他买哪一种牌子的汽车。总之，要让他觉得这是他自己的意思。

他决定试试看。

几天后，一位顾客想把他的旧汽车换一辆新的，那汽车商就想到了那个苏格兰人，也许他喜欢这旧式的汽车。他打了个电话，给那个苏格兰人，说有个问题想请教他。

那苏格兰人接到他的电话就来了。汽车商说："我知道你买东西很内行，你看这部旧汽车可以值多少钱，你告诉我后，我可以在交换新车时，有个准确的判断。"

那苏格兰人听了，笑容满面——终于有人向他请教，有人看得起他了。他坐进车内，驾着这部车子兜了一圈，回来后说："这部车子，倘若你以 300 元买进，就算捡到便宜了。"

汽车商问他："倘若我以你说的数目买进这部车子，再转手卖给你如何？" 300 元？ 当然，这是他的估价，这笔生意立刻就成交了。

这个技巧同样适用于从政的人。

当罗斯福做纽约州长的时候，他完成了一项特殊的事业。他不但和政党重要人物相处得很好，还在他们反对的情况下，实施了自己的改革。他是如何做的？

当有某个重要职位需要补缺时，他就请那些政党要人推荐。罗斯福说："开始他们推荐的，是党内并不受欢迎的人。我就说，任用的人要有满意的政治表现，你们推荐这个人并不适合，同时也会引起众人的强烈反对。后来他们又推选出一个人，那人看来虽然并没有可批评的地方，但只是个平庸的老好人。我就告诉他们，任用这样的人，有负公众的期望，所以请他们再推选出一个更适合这职位的人。他们第三次推荐的人，看来是差不多了，可是还不十分理想。"

"于是，我对他们表示感谢，让他们再试一次。第四次他们所推荐的，正是我所需要的人，我再次表示感激之后，就任用了这个人。而且，我还使他们享有任命此人的名义……趁此机会，我对他们说，我接受了他们的建议，他们也应该接受我的意见，做几件事了。"由此可见，在说服别人时，让别人觉得主意是自己想出来的，这样会让他人产生一种荣誉感和价值感，自然而然就能够达成自己的目的。

3. 巧妙示弱，让人在不知不觉中就范

示弱，字典的解释是：表示自己软弱，不敢同对方较量，在如今这个个性张扬的时代，人们一个个都像装了枪药打了鸡血似的，一个比一个充能显摆，示弱的人越来越鲜见。其实示弱是一种人生的大智慧。它展露的是宽广胸怀和谦虚态度，体现的是理智风度及务实精神，收获的是团结和谐与长久胜利。

在与人交流时，巧妙示弱则会让别人在不知不觉中就范，从而赢得他人的同情，达成自己说服别人的目的。

马尔辛利刚任美国总统时，指派某人做税务部长。

当时有许多政客对此人极为不满，他们派遣代表前往总统府进谒马尔辛利，要求他说明委任此人的理由。为首的是一位身材矮小的国会议员，他脾气十分暴躁，说话粗声粗气，开口就把总统大骂了一番。马尔辛利却不吭一声，任凭他声嘶力竭地骂着，最后才很和气地说："你讲完了，怒气该可以平息了吧！照理你是没有权利这样责问我的，不过我还是愿意详细地给你解释……"那位议员感到羞惭万分，但总统不等他表示歉意，就和颜悦色地说道："其实也不能怪你，因为我想任何不明真相的人，都会大怒。"接着，他便把理由一一解释清楚。

其实，不等马尔辛利解释，那位议员已被折服，他心里懊悔到了极

点，自己不该用这样恶劣的态度来责备一位和善的总统。因此，当他回去向同伴们汇报时，只是说："我记不清总统的全部解释，但有一点可以报告，那就是——总统的选择并没有错。"

以马尔辛利的总统之尊，他完全可以给那个不懂礼数的议员一个深刻的教训，但他只是平心静气、一声不吭地示弱，示弱不但使马尔辛利的解释获得了良好的效果，而且使那位议员就此悔悟，为他的人格所折服。

北宋名臣韩琦曾经同范仲淹一道推行新政，并长期担任宰相职务。有一年，他与同僚王拱辰、叶定基等人在开封府主持科举考试，王、叶二人经常为考生卷子的优劣争得面红耳赤，而韩琦觉得偏袒哪一方都不合适，就只是听而不闻，视而不见，坐在桌前专心判卷。

没想到人不找事儿，事儿却找人。有一次，王拱辰和叶定为了阅卷的事情又吵得不可开交，王拱辰气韩琦不帮自己说话，跑过来对韩琦嚷道："我说你在这里练习气度呐？"韩琦听了这带刺的话，不但不生气，反而赶紧好言好语地赔不是说："实在抱歉，都怪我这耳朵不顶事，不知道你们在争论什么事啊。"这样一来出乎王拱辰的意料，他没想到韩琦居然给自己道歉，也就讪讪地无话可说了。事后，韩琦耐心地做了二人的工作，很容易就把事情给解决了。同僚们自此都对韩琦刮目相看、礼敬有加。

在王拱辰跳出来向他"吹胡子瞪眼"地找碴儿时，韩琦并没有勃然大怒，而是采取示弱的策略向其赔不是，从而避免了一场无谓的争吵纠纷，同时也赢得了同僚们的赞许与好感。

在人与人的相处过程中，适当的示弱其实是一种真诚接纳的态度。示弱是消除隔膜，增进交流建立良好人际关系的润滑剂。但是示弱并不意味着退却不前或软弱可欺，更不是无原则地自我贬低和妥协，而是一种尊重、礼让和宽容，是一种交际和处世的智慧。交际中巧妙示弱，能

超级沟通心理学

给你带来和谐的人际关系。

在日常交往中，我们往往习惯于向别人展示自己的强项、长处和优越，然而很多时候，放低位置、降低姿态、有意示弱，却能收到令人惊喜的效果，为你的交际增辉添彩。

前些日子，在网上偶遇大学同学郭佳，难免一番嘘寒问暖。毕业近十年，许多同学都小有成就。有的从政做了官，有的下海经商做了老板，有的成了某单位里挑大梁的骨干。我猜想，郭佳也一定混得不错。因为大学时，他是我们的班长，不光学业优秀，而且吹、拉、弹、唱样样精通，是一个极富才气与能力的高才生。

当我问及郭佳的现实状况时，他发了一个非常郁闷的 QQ 表情过来。我问他："以你的才能应该是春风得意，怎么会郁闷呢？"郭佳说："什么春风得意，我奋斗了 10 年，还只是一个小职员。"怎么会这样呢？我难以置信。以郭佳的能力，无论在什么样的单位，都应该是数一数二的人物。郭佳接着说："这有什么好奇怪的，排挤人才，嫉妒人才，压制人才，都是常有的事。"听了郭佳的诉说，我不禁为他的怀才不遇而感到深深惋惜。

半年后的一天，我去参加省外的一个笔会，其中有一个文友正好是郭佳的上司。席间我们谈起了郭佳，文友说："郭佳的确是个不可多得的人才，然而他太好表现，锋芒毕露，逞强好胜，恃才傲物，不把任何人放在眼里，在单位里大家都不喜欢他。尽管如此，我还是很欣赏他的才干，好几次想找机会提拔他，可遗憾的是每次投票，他的得票都是最低的，我也无可奈何。"

原来郭佳的不得志，不是输在能力上，而是输在做人上。他之所以得不到领导的器重，得不到同事的支持，主要就在于他太"强"。强大固然让人敬仰，但太强，就会因刚而折。做人也是这样。如果你处处表现得盛气凌人，不可一世，就会让人望而生畏，敬而远之，使自己陷入孤家寡人的境地。而任何一项工作，都需要团队合作。一个人的能力再强，仅靠一人之力，也不可能办成什么大事。

其实，适时示弱是一种生存智慧，也是一种获取成功的手段。强者示弱，不但不会降低自己的身份，反而能赢得别人的尊重，留下"谦虚、和蔼、平易近人、心胸宽广"等美名。懂得示弱的人，往往能更有力地存活下来。这样的例子不胜枚举：项羽强悍英武，飞扬跋扈，结果兵败垓下，英雄末路，自刎乌江；而汉高祖刘邦善于示弱，结果一统江山，坐拥天下，成为一代帝王；韩信居功自傲，功高盖主，结果招来杀身之祸；而与他同朝的另一个大臣萧何，却懂得处处避其锋芒，赢得了朝野一致的好评，也确保了他一生的地位和平安。

因此，无论在工作还是生活中，我们都要学会适时示弱。那样，我们的人生之路才会走得顺畅。

4. 顺水推舟，给别人送一个大人情

"顺水推舟"就是因利乘便，利用时机，趁势而上，以子之矛，攻子之盾，抓住对方的话头，把对方引入到你的圈套中。也可以先假设对方的观点言之有理，然后据此引申出一个连对方也不得不承认荒谬的结论来。

"顺水推舟"是一种应变手段，在突然发生的事件中，能利用此种矛盾，站在主动地位，出其不意地向对方发起进攻。

美国有家生产乳制品的大工厂，某日迎来了一位怒气冲天的顾客。顾客不客气地对厂里的负责人说："先生，我在你们生产的乳制品中发现了一只活苍蝇，我要求你们赔偿我的精神损失。"之后这位顾客提出一个天文数字的赔偿数目。

在美国，像这种乳制品生产线的卫生管理是相当严格的，为了防止乳制品发生氧化反应而变质，每次都要将罐内所有的空气抽出，然后灌入一些无氧气体后再予以密封，在这种严苛条件下生产的乳制品，根本不可能有活的苍蝇会在里面。

由于这个事件关系到公司的商誉，这位工厂负责人不好立即揭穿那人的骗局，只是很有礼貌地请他到会客室里，那位顾客边走边还破口大骂。

当这名顾客第三次提出抗议并要求赔偿时，负责人很有风度地为对方倒了杯水，然后慢条斯理地说：

"先生，看来真有你说的那么回事，这显然是我们的错误，你放心，你会得到合理的赔偿。由于这个问题事关重大，我们绝对不会忽视的，这样吧，你稍等一下，我马上命令关闭所有的机器，以查清错误的来源。因为我们公司有规定，哪一个生产环节出现失误就由哪个环节的负责人来负责，待我把那位失职的主管找出来，让他给你赔礼道歉。"

说完后，负责人一脸严肃地命令一位工程师："你马上去关闭所有的机器，虽然我们的生产流程中不应该会有这种失误，但这位先生既然发现了，我们就有义务给顾客一个满意的答复。"

那位先生本来只是想用这个借口来诈骗一些钱，但他没有想到自己的话会引起如此严重的后果，顿时担心自己的花招被拆穿，那样一来他会被要求赔偿整个工厂因停工而造成的损失，那么即使他倾家荡产也赔不起。

于是他开始感到害怕，并且嗫嚅道："既然事情这么复杂，我想就算了，只是希望你们以后不要再发生类似的事情。"

就这样，他给自己找了一个理由想拔腿便走。

那名负责人叫住他，诚恳地对他说："感谢您的指教，为了表示我们的感激，以后您购买我们的食品均可享受八折优待。"

这位先生没想到会因此得到意外收获，从此他也成为这家公司的义务宣传员，让更多的人肯定这家公司产品的品质。

案例中，那位高明的工厂负责人不仅掌握了对方的心理，用"攻心"说话术揭穿对方的骗局，而且还反过来"绑架"那位顾客的想法，使他从此以后成为公司最有效的广告宣传员。他用的就是"顺水推舟"这个策略。

有时候，人执拗于某一错误道理或者荒唐的念头，常是由于思维逻

超级沟通心理学

辑出现了错误。在这种情况下，你只需顺水推舟的指出他的逻辑错误，问题就迎刃而解了。

顺水推舟，比喻应顺应趋势采取相应的办法。在交谈中，顺应对方的话茬，自然而然顺着说下去，让其向着有利于自己的目标发展，最后使对方心悦诚服。

运用顺水推舟，能达到许多目的。既可以婉言批评，又可以消除尴尬，还可以巧妙讽刺。

有一次，一位著名演员和她的丈夫举办一次敬老宴会，请文化艺术界许多著名前辈参加。90多岁的老画家和他的看护陪同前来。老人坐下后，就拉着演员的手，目不转睛地看她。过了一会儿，老人的看护带点责备的口气对老人说："你总看别人做什么？"老人不高兴了，说："我这么大年纪了，为什么不能看她？她就是生得好看。"老人说完，脸都气红了，弄得大家都很尴尬，此时，这位演员笑着对老人说："您看吧，我是演员，不怕人看。"演员就喜欢人家看，顺水推舟，合情合理，既不忤逆看护的意思，又顺乎老人的情绪。

李鸿章有个远房亲戚，胸无点墨而热衷科举，考场上打开试卷，竟有一多半字不认识，急得如热锅上的蚂蚁。眼看交卷时间就要到了，该人灵机一动，在试卷上写道："我乃李鸿章李中堂大人的亲妻（戚）。"主考官批阅这份试卷时，不仅拈须微笑，提笔在试卷上批到："所以本官不敢娶（取）你。"主考官巧借李某一个错字，顺水推舟，来个错批，取得了强烈的讽刺效果。

当然，顺水推舟也要把握时机。人们不是常说"时机转瞬即逝"吗？的确是这样的，说话的时候，如果不把握住机会，说话的效果就会大打折扣。

所以，说话的时候一定要注意抓住机会，机会来了就要顺着杆子往上爬，更要顺水推舟，争取达到说话的效果。

在战国时期闻名遐迩的齐宣王好大喜功，非常喜欢讲排场。据《孟子》记载，齐宣王生性好狩猎，为了寻欢作乐，曾在临淄城郊建了一个方圆 40 里的猎场，专门蓄养麋鹿等珍禽异兽以供狩猎之用。在当时的诸侯国中，这么大的猎场确实是十分罕见的。可是，齐宣王还嫌小，又恨齐国老百姓反对他建猎场的抱怨之声。于是他问孟子道："当年周文王的猎场有方圆 70 里之阔，可有这种事情？"

孟子一到齐国，就知道了齐宣王建猎场的事，而且了解到齐宣王滥杀进场百姓的残酷行为。当齐宣王询问他关于周文王的猎场时，他立即答道："听说有的。"

齐宣王一听果有此事，便进一步问道："果真如此，那么他的猎场到底大不大？"

孟子答道："老百姓还认为它太小。"

齐宣王马上说："可我的猎场才 40 里，老百姓却嫌它太大，这是什么道理？"

孟子一见齐宣王满腹牢骚的样子，便乘机进言道："周文王的猎场虽有 70 里，但他多放养幼小的动物，而且与民同游同猎，老百姓嫌它太小，不是再正常不过的事情吗？我来到齐国，一进国门先要问有什么禁忌然后才敢入内。又听说在你 40 里的猎场内，如果有人捕杀其中的猎物，罪同杀人，处以重罚。所以虽说只有 40 里，却如一口深深的陷阱立于国中，老百姓认为它大，不也是再正常不过的事情吗？"

听完孟子的话，齐宣王低头想了好一会，认为果真如此。于是从那以后，他不再觉得猎场小了，也不禁止百姓入场捕猎了。

孟子游说齐宣王成功应该说与他善于用"顺水推舟"的技巧有很大关系。孟子来齐国的目的，就是让齐宣王废旧制，开放猎场与民同乐。恰好，齐宣王主动征询他关于周文王建猎场的事。孟子抓住机会，顺水推舟，成功地达到了预想的目的。

"顺水推舟"的特点是以子之矛，攻子之盾，极富雄辩性。在论辩中，发现对方论辞的意图后，因势利导，引诱他孤军深入，一直引向荒谬的极端，然后再集中火力，乘机猛攻。这样既打开了尴尬局面，又能取得柳暗花明的奇效。

5. 巧妙把荣誉和奖赏留给别人

一个积极乐观的人喜欢和人交往，总是可以很快地融入一个团队，并且只要有了属于自己的荣誉时，即便是口头上的感谢也懂得和他人分享，他们知道别人并不是非得要和你分这一杯羹，但主动与人分享，会让别人觉得自己受到了尊重，而且会认为你是一个谦虚谨慎的人，品行也会得到大家的认可。

成大事者心里都非常明白：倘若一个人独享成果，就会给他人表现出一种"吃独食"的感觉，这样会引起其他人的反感，从而为下一次合作带来障碍。因此，他们一定会做到感谢他人，并且与他人一起分享胜利的喜悦，他们懂得谦卑的重要意义。基于这个心理，当你在说服别人时，如果能够给其荣誉和奖赏，那么成功将会属于你。

同学侯强和我一同分进了某企业车间，成了工人。上学时，我觉得侯强非常聪明，可到了职场他却变得有点"呆呆"的：有一次，工作时他发现一道生产程序中有瑕疵，影响产品的合格率。他苦苦琢磨、向老前辈进行多次请教后，提出了一个修改建议，最终被企业采纳，结果产品的合格率得到了大大地提升。企业准备奖励侯强一万元，可是让人深感意外的是他竟然拒绝了。他说："这个想法是我与大家一起努力的结果。要奖，就奖给大家吧！"就这样，丰厚的奖金与他擦肩而过。

再后来，企业从外面进了一批货。卸完之后，司机开车要走，侯强追上去要检查是否有遗漏的。结果，竟然真有一箱落在了车上。主任知道后，夸侯强心细、责任心强。侯强很坦诚，说："这是组长想到的，我只是听从指挥。"

很多人都暗笑他太傻了，自己一个人的功劳，非要和别人分享；有了独揽功劳的时候，不占为己有，还傻呵呵地告诉领导实情，这岂不是主动降低领导的好感吗？

半年后，企业人事变动，车间副主任因故辞职，主任直接把侯强提了上来。有些同事不服气，觉得他资历太浅，主任笑了："不抢功、不居功，有了成绩愿意与同事一起分享，这样的人才能团结下属。所以，他是不二人选。"

道理其实很简单：好大喜功，说到底争的只是个人利益；甘愿把功劳让给同事，心系的才是团队利益。这样的职工，是每个职场都需要的。

切记，一定不要居功自傲，要感谢他人的协助，不要认为都是自己一个人的功劳。为什么有很多人上台领奖时，他们讲的第一句话就是："我很高兴！但我要感谢……"就是这个道理。这种"口惠而实不至"的感谢虽然缺乏"实质"意义，但听到的人心里都很愉快，也不会再引起他人的嫉妒。

其实，别独享荣誉，说穿了就是不要去威胁别人的生存空间，因为你的荣誉会让别人变得暗淡，从而产生一种不安全感。而当你获得荣誉时，一定要试着去感谢他人、与人分享、为人谦卑，这样才能让他人心里觉得踏实。

最后，一定要记住：当你的工作和事业有了成就时，千万不要独自享受。要让自己拥有团队意识，摒弃"自视清高"的作风，换之"众人拾柴火焰高"的意识。

分享功劳并不是糊涂，如果你懂得感谢、谦卑和分享，你离成功也就不远了。

倘若你成功了，一定要记得主动和身边的人分享获得荣誉后的快乐。独享荣耀的人让别人变得暗淡，甚至觉得你的存在是一种威胁。一个独自揽着荣誉不放的人，最终只会自食苦果。

一个部门经理这一年的业绩特别突出，到了年底，老板在表彰会上特别表扬了他，除了公司颁发的奖金外，还另外给了他一个红包。在大会上，主持人还特意请他谈谈心理感受。

他拿过话筒就说自己在这一年中怎么兢兢业业，学习了多少知识，工作能力如何提高，可就是没有提及上司对他的信任和重用，更没有感谢同事和下属的帮助与合作。

大会结束后，他一溜烟地跑了，也没有邀请同事们庆祝一下。

虽然表面上大家都不说什么，但是从此他的上司开始有意刁难他，同事们也离他远远的，下属们也变得懒散了，还经常顶撞他。

一个月过去了，他以前挂在脸上的春风得意的笑容没有了，渐渐成了孤家寡人。

不要感叹这个部门经理的上司、同事或者下属度量狭小，其实造成这种局面的原因是这个人傻乎乎地一个人抱着荣耀，别人自然就会不舒服。

不要认为这是华而不实的形式，不值得效仿，但这恰恰是你值得做的事。倘若记得感谢同事的协助，尤其要感谢上司和地位高的人，感谢他们对你的提拔、指导、支持或栽培。这绝对不是谄媚逢迎，反而足以消除别人对你的嫉妒，每个人都希望自己和荣誉、成功绑在一起，你的感谢会让别人反过来感谢你注意到了他自己。倘若你感谢的是下属，你得到的将更多，他们会更加卖力地为你工作。

汉武帝为了奖励卫青的功劳，封赏卫青六千户。同时封卫青子卫伉为宜春侯，卫不疑为阴安侯，卫登为发干侯。卫青坚决推辞，说："臣幸得待罪行闲，赖陛下神灵，军大捷，皆诸校尉力战之功也。三个儿子尚年幼，分寸未立，何敢受封！"汉武帝笑道："卿可放心，诸校尉皆有赏。"

在一次战斗中，由于部下苏建的失误导致了战斗的失利。当时，卫青完全可以杀掉苏建以正军规。但是卫青并没有这样做，而是把苏建送回长安让汉武帝处理。他是这样解释的："我卫青有幸以皇亲身份受到宠信，在军中任职不怕没有威严。周霸劝我建立威严，这样就大失人臣应有的本分。即使我有权斩杀将领，也不应以我地位的尊贵和所受的宠信擅自诛杀将领于境外，还是送到天子面前，让天子亲自裁夺吧！由此可以看出做人臣的不敢专权恣纵，不也很好吗？"正是在他的帮助下苏建性命才得以保存。

倘若卫青在受勋赏时，大吹自己，把功劳都揽在自己一身，那么他就不会有众将领拥护，哪还有显赫的功勋呢？倘若他冲动之下，当即杀了苏建，没有报奏皇上，那么还谈得上奉法守职，赢得军心吗？

正是因为卫青讨伐匈奴获胜后，受天子勋赏时，以谦和柔顺取悦皇上，谦虚谨慎，不忘众将，为人谦让仁和，敬重贤才，从不以势压人，奉法守职，才获得其将士的拥护，堪称一代将帅的楷模。

倘若你获得了梦想中的成功，记得要比以前更加谦虚。不要以为获得了荣誉，别人就会以你为中心，有了荣誉就是不食人间烟火的圣贤。你的高傲虽然暂时不会产生什么坏影响，但是别人会暗中使坏，让你碰钉子，给你设置障碍。你不妨"夹着尾巴做人"，对人客气一些。不要经常提及你的荣誉，因为一再地重复就会变成吹嘘，会令人生厌。

那么，具体应该怎样去做呢？

第一，把感谢的话说到位。比如：感谢同仁的协助，说自己只是个代表，功劳不属于自己一个人；尤其要感谢上司，真心感谢他的提拔、指导、授权。倘若同仁的协助有限，上司也不值得恭维，你的感谢也有必要，虽然虚伪，但可以使你避免成为箭靶。就像领奖台上得主们，要感谢一堆人，虽然观众听了腻味，但相关的人听到心里都会很愉快，获奖的人又不损失什么，何乐而不为呢？

第二，荣耀要大家分享。口头上的感谢是必不可少的，实质的分享更不能缺了。请大家吃一顿，在美酒的激励下一定要更加真诚地感谢，就算你和其中的某一位曾经有过什么过节，这时说不定还可以化敌为友呢！

第三，要更加谦卑。人往往一有了荣耀，就会自我膨胀，就可能忘了"我是谁"了。你的同事会另眼看你，要忍受你的骄傲和气焰，但要不了多久，他们会在工作上有意无意地抵制你，让你碰钉子。因此有了荣耀，要更谦卑；要不卑不亢不容易，但"卑"绝对胜过膨胀，就算"卑"的肉麻也没关系，别人看到你的谦卑，就不忍心找你麻烦，和你作对。

你获得的荣耀，可能是你一生最引为自豪的东西，你可以在睡梦里偷偷地乐，但千万不要因此得意忘形，独享荣耀。因为这是一个强调集体荣誉的社会，明里暗里你都不能违背了大多数人遵循的法则。

就算荣耀是你一个人创造的，你也不能一个人独享。感谢、分享和谦卑都是必要的。本来，很多事就不是你一个人能完成得了的。

6. 注意身份地位，说服他人要看人下菜碟

"看人下菜碟儿"是老天津卫人常讲的一句俗语。

早年间，一些饭店专门聘请有眼力、有经验的人担任"撂高儿的"，负责观察进店的顾客，判断其是低消费的穷人还是讲排场的阔主儿，以免错过赚钱的机会，影响了买卖的声誉。不过，常在河边走哪有不湿鞋，"撂高儿的"也有"打眼"的时候。一天，有个农村打扮的老汉带着两人进来。"撂高儿的"指着角落一张桌子说："对不起，雅间都满了，三位就坐那边吧。"老汉十分不悦，说："把你们掌柜的叫出来!"原来此人是饭店老板的舅舅，刚从山东老家来津。在场的人哄堂大笑，说："你不是会看人下菜碟儿吗? 这回吃不了兜着走吧!"

从这个意义上讲，"看人下菜碟儿"的说法似乎是一种贬称，甚至带有侮辱的色彩。其实并不然，凡事都有正反两面，有时候"看人下菜碟儿"也挺有必要。比如探望亲朋准备礼物，就一定要分清对象，投其所好。有老人的买点滋补品，有小孩的买件玩具，对方肯定会笑纳。都说"官不打送礼的"，可要是像马志明的相声里说的，给痔疮病人送辣酱，那不是找挨骂吗?

"看人下菜碟儿"也是人际交往中的一种艺术。语言是交流的工具，和不同的人谈话采取何种方式，这里面大有讲究。

有一次，孔子与他的几名弟子一起外出讲学、游览，路途中非常劳累和辛苦。这一天，孔子领着他的弟子走到了一个村庄，他们在一片树荫下休息，准备吃点干粮、喝点水。不料就在这个时候，孔子的马挣脱了缰绳，跑到庄稼地里而且还吃了人家的麦苗，此时庄稼地里的农夫看到了，上前将马扣了下来。

子贡是孔子最得意的学生之一，一贯能言善辩。他凭着不凡的口才，自告奋勇地上前去企图说服那个农夫，争取和解。可是，他说话文绉绉，满口之乎者也，天上地下，将大道理讲了一串又一串，尽管费尽口舌，可农夫就是不理会他。

在这个时候，孔子的几名弟子中，有一位是跟随孔子不久的新学生，论学识、才干远不如子贡。当他看到子贡与农夫僵持不下时，便对孔子说："老师，让我去试试看吧。"

说着这名弟子走到了农夫面前，笑着对农夫说："你并不是在遥远的东海种田，我们也不是在遥远的西海耕地，我们彼此靠得很近，相隔不远，我的马怎么可能不吃你的庄稼呢？再说了，说不定哪天你的牛也会吃掉我的庄稼哩，你说是不是？我们该彼此谅解才是。"

农夫觉得他说得这番话有道理，也就不再责怪了，将马还给了孔子。旁边几个农夫也互相议论说："像这样说话才算有口才，哪像刚才那个人，说话不中听。"

这个故事告诉我们，说话必须看对象，否则，你再能言善辩，说得再好，别人也不会买你的账。对于一名推销员来说，这一点更为重要。

喜欢钓鱼的人都明白，鱼儿喜欢小虫。当我们去钓鱼时，不能看我们需要什么，而是要考虑鱼儿喜欢吃什么。而对于推销员来说，对待你的顾客也是一样，针对不同的客人，你要了解他们的心理，不能面对所有的客人只说一种话，如果真的是这样，那么你就很难达到说服目的了。

林黛玉丧父后进京城，小心翼翼初登荣国府时，王熙凤的几段话就展现了她"会说话"的非凡本事。人未到，却先听其笑，先闻其声："我来迟了，不曾迎接远客！"尚未出场，就给人以热情的感觉。

随后王熙凤拉过黛玉的手，上下细细打量了一回，送至贾母身边坐下，笑着说："天下竟有这样标致的人物，我今儿算见了！况且这通身的气派，竟不像老祖宗的外孙女儿，竟是个嫡亲的孙女儿，怨不得老祖宗天天口头心头一时不忘。只可怜我这妹妹这样命苦，怎么姑妈偏就去世了！"一席话，既让老祖宗悲中含喜，心里舒坦，又叫林妹妹情动于衷，感激涕零。而当贾母半嗔半怪说不该再让她伤心时，王熙凤话头一转，又说："正是呢！我一见了妹妹，一心都在她身上了，又是喜欢，又是伤心，竟忘了老祖宗。该打，该打！"

在林黛玉刚进贾府时，王夫人问："是不是拿料子给黛玉做衣裳呀？"凤姐答："我早都预备好了"。也许，她根本没有预备什么衣料，但是王夫人就点头相信了。这还是比较平常的察言观色，就是时同一件事，她也能一下子来个 180° 的大转弯，却说得入情入理，让人听了满心欢喜。

邢夫人要讨老太太身边的鸳鸯，便先来找凤姐商量，说老爷想讨鸳鸯做妾，凤姐一听，脱口说："别去碰这个钉子。老太太离了鸳鸯，饭也吃不成了，何况说老爷放着身子不保养，官儿也不好生做。"反而劝告邢夫人，"明放着不中用，反招出没意思来，太太别恼，我是不敢去的。"

凤姐先是这样说，觉得这件事根本就行不通，但是邢夫人却听不进去，很不高兴地说道："大家子三房四妾都使得，这么个花白胡子的……"，意思说要个妾有什么不可以，老太太也未必好驳回，你倒说起不是来了。

凤姐见邢夫人心性大发，知道都是刚才那番话惹的祸。于是立即改口，赔笑道："太太这话说得极是，我才活了多大，知道什么轻重，想来父母跟前，别说一个丫头，就是那么大的活宝贝，不给老爷给谁。"这一番话说得邢夫人又喜欢起来，同样是讨鸳鸯这件事，一正一反的两番说辞，同出于凤姐之口，居然都通情达理，动听入耳，这种机变之速真是能够让人叹为观止。

我们不得不佩服凤姐的巧舌如簧，但又是何原因让她具备了如此的本领呢？最主要的还是因为王熙凤善于洞察别人的心理。

当然，在现代社会里，仍然不乏这类"见什么人说什么话"的聪明人。他们身处不同的社会环境，从事不同的职业，在这方面都有不俗的表现。变通使他们会左右逢源，两面讨好，前途通达。

那么，一个成功的人在说话时，到底是如何"看人下菜碟儿"的呢？

一个聪明的人在开口之前，一定会根据各种人的身份地位、性格爱好和其心理选择不同的处理方式，并把握分寸。这就需要对对方的情况做客观的、多方面的了解。

最直接的方法是从语言了解对方。一个人的语言风格，基本诠释了他的性格及为人处世的作风。比如，在谈话中常说出"果然"的人，一般喜欢自以为是，强调个人主张；经常使用"其实"的人，则是希望别人注意自己，他们性格往往任性、倔强、自负。发现对方语言的微妙之处，来观察其性格和内心活动，是一个聪明人惯用的手法。

除了了解对方心理之外，还可以适当地进行揣摩。可以采取无意识地观察和有意识地刺激对方的情绪两种方式。通过对方无意中显露出来的态度、姿态及反应，常能捕捉到比语言表露更真实、更微妙的思想。

总而言之，不论是了解还是揣摩，最终目的都是为了能够准确地把握对方的心理。而那些懂得顺着对方的思路来进行引导和沟通的人，自然会招人喜欢。

第八章

掌握说服定律，让对方无法说"NO"

　　说服他人是我们说话的终极目标。当然，说服他人也需要掌握一些口才技巧。我们在说服他人时，如果采取了合适的方式，采取了适用的口才技巧，那么就可以引导对方最终认同我们，或者让对方无法说"NO"，不得不按照我们的意图来。

1. 晓之以理，更重要的是动之以情

"晓之以理，动之以情"，这是劝导说服别人的一个基本准则。以理服人就是摆事实，讲道理。让人从你讲的道理中领悟到其正确性，从而接受你的意见，按照你的意见行事。需要注意的是劝导说理要对准要害，出言有据，事实确凿，对方的观点就会不攻自破。

晓之以理，就是讲道理。简单的事情，小道理、一两个典型事例，再加上简明、扼要的分析，道理就可以讲清楚。复杂的事情，大道理，涉及多方面的因素，触动一点就牵动全局，必须全方位、多层次、多角度地进行一系列的说服工作，从多方面展开心理攻势，并加以严密的逻辑推理，水到渠成地得出结论。

晓之以理，还要结合动之以情，通情才能达理。有时讲大道理，教育对象并非对道理本身不接受，而是与讲道理的人感情上合不来。这时讲道理的人要善于联络感情，要注意反省自己有无令对方反感的地方，及时克服和纠正。尤其当对方抵触反感情绪较大时，首先要以诚相待，要在理解、尊重、关心的原则基础上，再讲道理。牧师布道宣传的是唯心主义的宗教，但因以情动人，往往能在催人泪下的同时，不露痕迹地对听众施加思想影响，使人不知不觉地接受其教义。

在年轻的时候，伽利略立志在科学研究方面有所成就。因此，他希望得到父亲的支持和帮助。

一天，他对父亲说："父亲，我想问你一件事，是什么促成了您同母亲的婚事？"

父亲说："因为你的母亲很让我着迷。"

伽利略又问："那您有没有娶过别的女人？"

父亲说："没有，孩子。家人曾经要我娶一位很有钱的女士，可是我只对你母亲钟情，况且她当时可是一位风姿绰约、令人倾慕不已的姑娘。"

伽利略说："您说得一点也没错，她现在还风韵犹存。而您不曾娶过别的女人，因为您爱的是她。可是，您知道吗？我现在也面临同样的处境！除了科学以外，我不可能选择别的职业，因为我喜爱的不是别的学科，而是科学！其他事物对我而言，都毫无用途与吸引力！难道我要努力去追求财富或荣誉？科学是我唯一的需要，我对它的爱，就如同对一位美貌女子的倾慕。"

父亲说："像倾慕女子那样？你怎么会这样说呢？"

伽利略说："一点也没错！亲爱的父亲，我已经18岁了！别的学生，哪怕是最穷的学生都会想到自己的婚事。可是，我却从没想过。因为别人都渴望寻找一位美貌的女子作终身伴侣，我却只愿与科学为伴。"

父亲不说话了，只是静静地听。

伽利略继续说："亲爱的父亲，您有才干但没有力量，可是我却能兼而有之。为什么您不能帮助我达成自己的愿望呢？我一定会成为一位杰出的学者，并能获得教授身份。如此，我便能以此为生，而且比别人生活得更好。"

父亲为难地说："可是我没有钱供你上学。"

伽利略无比激动地说："父亲，您听我说，很多穷学生都能领取奖学金，这些钱是公爵宫廷给的，所以我为什么不能去领一份奖学金呢？

您在佛罗伦萨有许多朋友，交情也都很不错，他们一定会尽力帮助您的。或者您能到宫廷去处理这件事，我们只需要请他们去问问公爵的老师奥斯蒂罗利希就行了，他十分了解我，知道我的能力！"

父亲被说动了："嗯，你说得有理，这是个好主意。"

伽利略抓住父亲的手，开心地说："父亲，求您尽力而为。我向您表示感激之情的唯一方式，就是保证自己成为一个伟大的科学家！"

伽利略最终说服了父亲，实现了自己的理想，成为世界著名的科学家。

伽利略之所以能够说服自己的父亲，是因为他巧妙地运用了"心理共鸣"的说话法，慢慢地让父亲不但理解他的想法，而且支持他的想法。由此可见，"心理共鸣"法在现实的沟通中是非常管用的。

有一天，陈毅市长到一家纺织厂里，他笑着说："老板，我冒昧来访，不知可否欢迎？"这位老板正为一件事发愁，便发起牢骚来："陈市长，今天工会又来要我废除'抄身制'。俗话说，不当家不知柴米贵。厂里经常丢纱，倘若取消抄身制度，纱厂不被偷光才怪呢！"

陈毅品了口茶，不紧不慢地说："要说办工厂、买机器，我要拜你为师。因我只当过工人，没有经营过工厂嘛！要说管理工人，教育工人，那么你可得向我学习哩！我参加了革命，就一直宣传群众，组织群众，在这方面我可以给你当参谋，还带'长'呢！你倒是要我这参谋，还是不要？"

老板连声说："要，要，请您快说。"

"我在法国当过工人。那个工厂大得很，老板也比你厉害得多。厂子四周筑起高墙，拉上电网，还雇了一大帮带枪的警察，对每个下班的工人，从头搜到脚，那过细的劲头，身上恐怕是连一根钉也藏不住。可是，你知道结果怎样吗？原料、零件还是大量丢失，为什么呢？老板把工人只当成会说话的工具，劳动很重，工资很少，工人实在无法养家糊口，工厂赚了钱对工人没有任何好处，他们为什么不拿呢？现在不同！工人翻身当了主人，他们懂得生产经营搞得好，新中国才能富强起来，工人才能改善待遇。你们虽是私营企业，但也是新民主主义经济的一个组成部分，一样可以有利于国、有利于民。所以，以我之见，你应该在纺织业带头，用我的办法试试看，废除抄身制，关心工人利益，待工人如朋友、如弟兄，有困难多与他们商量着办。我相信眼前的困难会克服的。"

老板听了连连点头："想想是有些道理。"第二天，他就主动找工会研究，决定废除抄身制。

陈毅同志一番话，使资本家奉若神明的"抄身制"取消了，足见劝说有术，言之有力，这正是以理攻心的威力。

要说服别人，最大的障碍就是对方的"心理防线"。因此，设法动摇对方的心理防线，是说服对方的关键所在。那么，如何动摇对方的心理防线呢？除了要晓之以理，具有充实的内容外，更要动之以情，掌握一定的方法和技巧。

（1）在尊重对方的基础上进行劝说

人都是有自尊心的，任何人都希望得到别人的尊重，即使是学生、孩子也希望得到老师、家长的认可。而一个人在受到别人尊敬时，心情会特别的轻松愉快，在这种情况下劝说对方，往往会取得事半功倍的效果。

（2）强调与对方在某些方面的相似之处

找出与对方彼此一致的共同点，便可产生"自己人"的效应，不仅使彼此喜欢，还可以使互相产生信任感。在一些著名的演说家的演说词中，常常出现这类词句："我们所想的""我们这种表现"，等等。他们常以"我们"替代"我"这个词，这样在听众中就会达成一种共识：这是我们大家的，从而产生了一种共鸣。演说家的高明在于把自己融于听众之中，让听众接纳他，从而令听众成为被说服者。在我们的日常生活中，要想劝说成功，不妨也使用演说家这种惯用的说服技巧，挖掘自己与对方的相似因素，譬如文化背景方面、年龄方面、社会经历方面、工作专业方面、思想感情方面、兴趣爱好方面，等等。

（3）以对方的立场为出发点

考虑对方的立场，发掘对方的欲求、情感是说服的基本方法之一。想要说服别人，不妨设身处地地以对方的立场为出发点，找到对方的利害之所在，使被说服者意识到自己的观点、做法将会带来什么样的后果。这样。就能紧紧抓住对方的心，从而达到说服对方的目的。

劝说是一种常见的极有说服力的语言方式。在日常生活中，需要劝说的事情几乎比比皆是。劝说之所以备受青睐，是因为它是用"情"打动对方。

2. 一锤定音，选准目标就别犹豫

说服必须有明确的目标，否则，漫无目的、滔滔不绝就是聒噪。聒噪经常会发生"言多必失"的情况。例如，在推销商品时，推销员光是一味地、滔滔不绝地说一大堆顾客根本不想听的话，往往只会引起反感，当然无法取得良好的销售成绩。

说服的目标可以有很多，如谋得一个更重要的岗位，取得一次休假机会，获得一次加薪，提高本部门的生产效率，向顾客售出他的产品，以更低的价格购得某种服务，让管理层接受建议等。只有通过确立恰当的目标，你才能踏出有效说服的首要一步。

明确你的说服目标有很大好处，这能为你的努力决定方向。有时候，本来可以取得更好的效果，但因为说服者认为已经达到了说服的目的，早早地放弃了说服，使得本来有可能更有利的局势毁于一旦。

1928 年，日本松下公司急需一笔 195 万日元的项目建设资金。但当时的松下公司还处于起步阶段，资金也不雄厚，公司的账面上只有95 万日元，也就是说尚有约 100 万日元的缺额。怎么办？这时的松下公司只能向银行贷款，并且这种贷款最好是无担保的形式。

松下和平常有联系的银行负责人见面，说明公司的项目，要求贷款100 万日元。银行同意贷款，但要求松下以土地、建筑物乃至松下的信誉来做担保。

尽管贷款有了着落，但却不是松下所希望的那种方式。于是，松下向银行方面提出了想法："对贵行的决定，我表示衷心感激。但如果以不动产做担保，恐怕会影响到企业的形象，不仅对公司不利，将来对贵行可能也会有所影响。所以，我冒昧地请求，贵行是否可以提供无担保贷款？"

银行方面显得有些犹豫不决。松下接着说："偿还贷款，给我们公司两年时间就足够了，请放心。我厂的土地权利书和建筑物权利书，都可以交由贵行保存。我很希望贵行能给松下公司一次机会。"

经过松下的耐心说服，银行方面终于同意了松下的请求，决定对松下公司提供无担保贷款100万日元。作为一名说服者，要永远记住你的说服目标，不要放弃。松下的说服取得成功就在于他始终明确自己的目标，然后坚持不懈地去努力。

杰克是一个小印刷厂的负责人，这家印刷厂位于一个大城市的金融区。杰克既是监工，也是固定时间外出提高营业额的推销员。有一天，他在一家地方饭馆吃午餐，同时与一位态度和善的人士谈天。此人告诉杰克，他是一家拥有授权的大公司的采购代理商，他购买大量的公司表格。杰克问自己是否也可以参加竞价投票。那个人说可以，后来，他给杰克打电话，说他喜欢他的出价，愿意让杰克承包一些生意，杰克当时真是手舞足蹈高兴万分。但是，当他的新朋友提到唯一条件是他不愿如杰克估价单所示在30天之内付清货款。他一向都是90天之内付清印刷货款，而且他必须保持这付款条件。他提醒杰克，他可是一位有信用的大客户，然后随即挂断电话。杰克真是进退维谷，左右为难，这生意量将使他整个生意提高40%。这可使营业额大量提升。他可以买更多现代化设备，雇用更多的成员。不过他仔细研究账目，结果知道自己实在没法扩大信用给予对方的缓付期限——事实上可能不只延90天，账单总是会延期偿清的，偏偏此客户竟然一开始就要求 90 天。最后杰克打电话给他的朋友，告诉他很抱歉，他实在无法给予对方如此长的缓付期限。他的出价可以再低一点，少赚对方一点，可是在 30 天之内，货款一定得付清。

后来，事实证明杰克的做法很明智。这采购代理商是个老狐狸，深知像杰克拥有的这种小印刷厂常常有破产的可能。他愈延迟付款的时日，愈有可能根本不须付款，假如对方破产的话，他就可以连用同样伎俩再与其他三四家小印刷厂交易。因为杰克的正直，肯愿意放弃不能做的生意，退出谈判，杰克才能免受一次可能危害极大的损失。

以上的事例告诉我们，当你走投无路的时候，不妨使用"最后摊牌术"。明明十分希望谈判成功，却以"中止谈判"为最后通牒，逼迫谈判对方就范。再来看这样一个事例：

在 1978 年冬季，我国某公司急需进口一套高级农药生产设备，为此他们派代表与美国一家公司的代表就引进设备进行谈判。谈判从中午一直持续到晚上仍无结论，已近午夜时分，不管怎样要最后摊牌了。

但是双方争执依然很大，美方代表激动地拍案而起，大声说道："先生们，你们的价格是我们公司所不能接受的，绝对不可能。"而中方代表则微笑着说："我方认为，你方目前的报价水准依然很高，我们不能接受。据我方周密测算，你方报价至少有 11 万美元的降幅潜力，我们有很多资料，可以证明这一点。"眼看谈判将陷入僵局。最后期限的谈判中，中方代表说："明天是我们商定的谈判日程的最后一天。我们大家都应珍惜这最后的机会，使谈判有一个突破性的进展，否则，我们都不好向各自的上司交代。"事实上，中方为购买此设备已做了大量的准备工作，生产农药的工厂场地、配套设备、人员以及投产后的产品分配计划等已全部落实。而且由于时间紧迫，这项合约必须在年前签约成交。尽管中方人员也急于成交，可是在表面上却不慌不忙，似乎并不着急，表现出一副谈成最好、谈不成也可的姿态。次日，终于迫使美商接受中方的降价要求。

这里的"最后通牒"体现在期限效果上。从统计数字来看，就会发现，有很多谈判，尤其较复杂的谈判，都是在谈判期限即将截止前才达成协议的。不过，未设定期限的谈判也为数不少。谈判若设有期限，那么，除非期限已到，否则，谈判者是不会感觉到什么压力存在的，正所谓"不见棺材不掉泪"就是这个道理。

综上所述，当谈判的期限愈接近，双方的不安与焦虑感便会日益扩大，而这种不安与焦虑，在谈判终止的那一天，那一时刻，将会达到顶点——这也正是运用谈判技巧的最佳时机。

有相当一部分人在准备说服他人时，并不知道自己的目标到底是什么，他们所选择的目标有时并未真实地代表他们的利益和要求。

在说服之前，你一定要找到自己的目标。你只能有一个目标，而且它必须具体明确。在难以确定自己的目标时，可以这样对自己说："我希望让听众记住什么？""我想得到什么？""我为什么想进行那样一次谈话？""我希望他们做些什么？""我为什么要见他（被说服者）？"……倘若这些明确了，你就可以着手准备自己将要表达的信息了。

倘若你的想法、措辞不能够帮你实现你的目标，那就从头再来，重新组织。倘若你确实知道自己的目标所在，就要坚持到底，不到最后时刻，不要放弃。

任何形式的说服都应有单一、确定的目标。无论是应聘面试、老板同雇员的谈话，还是一份备忘录、一个讲座或一次商品宣传。否则，你就是在浪费自己和听众的时间。而且在开口或动笔之前，你就应该知道这个目标是什么。要让对方把握你讲话的主题，而你自己必须明白讲话的目的，这才是最重要的。

超级沟通心理学

3. 找到兴趣点，让对方愉快地答应

　　有人说：倘若我们只想使别人对自己产生兴趣，我们就不可能交到真诚的朋友。真正的朋友，不是用这种方法结交而来的。

　　共同点是引起对方兴趣所在的关键，因此，在交谈的开始，我们就要竭力地找出与对方的共同点，以达到谈话的共鸣。比如，当我们知道了对方的出生地后，就可以说："那个地方我曾经去过。"这样对方就会产生一种亲切感，他与我们在心理上的距离也会大大缩短。当我们知道对方和自己是同乡或是校友，即使是初次见面，也会有一种一见如故的感觉，并能轻松愉快地交谈。更有趣的是，倘若以对方身边的第三者为话题，那么谈兴就会更浓。

　　前耶鲁大学教授、和蔼可亲的费尔普，在年轻时就有了交谈兴趣的切身体会，他说："我8岁那年，有一个周末，我去看望我的姑母林慈莱，并在她家中度假。有一天晚上，一个中年人来访，他与姑母寒暄之后，便将注意力转向了我。当时，我正巧对造船的知识很感兴趣，而这位客人谈论的话题似乎特别有趣。他走后，我在姑母面前热烈地称赞他，说他是一个多么好的人！对造船是多么感兴趣！我的姑母却告诉我说，他是纽约的一位律师，其实他对有关造船的知识毫无兴趣。但他为什么始终与我谈论造船的事情？"姑母告诉我，因为他是一位高尚的人，他见你对造船感兴趣，所以就谈论起来，那样才能让你喜欢并感到愉悦，同时也使他自己为人所欢迎。姑母的话从此永远铭记在我心中。"

从这个事例中我们可以看到，在与人交谈的时候，最好在进入主题之前找出双方的共同点，谈论一些别人感兴趣的事情，或者以别人的爱好为谈话的主题。

谈彼此的经历、爱好或是家庭情况，以此来增加彼此间的相互了解。当最初的排斥心理转换成亲切感后，我们与别人的交谈就会很顺利了。

一位销售员到一家公司去销售复印机，费了好大的劲才见到经理，经理爱理不理地答道："我暂时不需要复印机，谢谢你。"说完就埋着头摆弄着手里的鱼竿。

这位销售员看到经理专心摆弄鱼竿的样子，猜到他一定很喜欢钓鱼，于是他说道："林经理，这是富士竿吧?"

"唔，是啊，我新买的，怎么，你也懂钓鱼?"

"啊，钓过。"

"哎，钓鱼可有学问，可不是每个人都能够掌握的，你说说看，钓鱼有哪些技巧?"

俩人越谈越投机，经理好像遇到了知音，十分开心。这位销售员也在双方融洽、愉快的交谈中促成了生意。

倘若你能够发现与别人的共同兴趣和爱好，找到共同的话题就能够和客户谈得来了，甚至可以很快地成为朋友，这样就不愁销售不成功了。

一名寿险销售员要把保险销售给大学教授王先生，他是一位很有威望的动物学专家。当走进张先生的办公室后他才发现，王先生是一位"顽固"的先生。

王先生对自己以前的保险代理人不满意，认为他没有向自己提供较为完善的保险计划。

　　见面后，王先生细致地介绍了他目前的保险安排和为了适应环境变化所做的调整计划。而且，还问了很多技术性问题。销售员觉得，王先生问这些问题的目的并非是想知道答案，而是考查他的知识。于是这位销售员屡次想要把他们的谈话引入正题，王先生根本不给他这个机会。

　　销售员觉得自己是在浪费时间，对这次会面不抱什么希望了，于是他准备告退。这时王先生接了一个电话，无意中销售员听到他下学期要开一门关于考拉熊的课程。在电话结束后，他便和王先生谈起了这种澳洲的小动物。

　　"你知道考拉熊?"王先生的表情让销售员感到两个人之间的距离一下子拉近了。

　　"这确实是一种很可爱的小动物。我曾看过有关它们的资料，并非常喜欢它们。"销售员实事求是地回答。

　　于是，销售员便开始向王先生请教起考拉熊的问题，这时，王先生的态度彻底改变了，他不再提问，而是对销售员关于考拉熊的提问给予详细的回答，二人越谈越开心。

　　那天，销售员除了从王先生那里知道了许多有关考拉熊的专业知识外，更重要的是还收获了一张保单。

　　在这个案例中，销售员在销售即将结束的时候发现他和王先生的共同爱好——考拉熊，于是，开始把话题从保险转移到王先生擅长的动物学领域，这样双方一问一答，讨论得十分投机，交谈氛围变得融洽起来，王先生对销售员的信赖感也就随之产生。这样，成交也就不再是什么难事了。可以说，销售员的这张保单是考拉熊带给他的。

　　在与别人谈话的过程中，也要将心比心，说一些能够抓住对方兴趣的话题，把对方的注意力和好奇心吸引过来。这样会在很短的时间内缩短彼此之间的距离，化解心理上的隔阂，使交流顺利进行。

　　心理学家认为，发展和实现人的潜力，是人贯穿一生的活动，生活的中心任务，就是找出尽可能充实的生活方法。不幸的是，就人们的经验或经历而言，由于人们生活在社会中，却常常感到和人相处不好，给自己带来许多不必要的烦恼。每一个人都生活在一定的文化群体或其他机构之中。在某种意义上，社会的每一个部分往往都有其鲜明的人格特征，就是说，每个人都有其特定的方式来行事处世，但是，当你说话时，别人对你的话题感兴趣而且很乐意参与到这个话题当中时，就意味着你们接下来的谈话可能会很愉快。

用眼睛注意对方的手势、姿势、表情以及当时的整体反应，用头脑分析其情况的真实程度，体会对方话语的意义。对方说话时的感受，是高兴、是愤怒，或是焦虑，这些情绪状态有时比话语本身更重要。体会对方谈话时的心情是与他人谈话和沟通的一项重要内容，从而恰如其分地关心对方，缩短与对方之间的心理距离。

世上有种人总认为滔滔不绝的言谈就是沟通，他们自以为能够说服麻雀从树上下来。他们以为沟通就是说话，而忘了沟通的真义是疏通、拉近彼此的关系。沟通的是人，不是语言，言谈只是一种途径。

沟通就是为了彼此建立关系。沟通时，应以关系为重，对方情绪低落时，就不要再滔滔不绝地说对方不感兴趣的话题，从心理学的角度来说，沟通的语言就是不断地翻译。你倾听他人说的，翻译成他人所想的；同样，他倾听你的话，把它译成你想的。

因此，在谈话中，倘若对方明显地反映出对你的话题参与不多，言语不多的时候，他可能对你的话题漠不关心，也可能是因为害羞或者不感兴趣。此时，你要尽量让他的热情高涨，这样才能让你们之间的气氛尽快变得融洽起来，要想做到这一点，倘若没有别人那样反应灵敏，就需要我们在与人说话时，先要多掌握别人的信息，知己知彼，百战不殆，只有了解到一个人的基本性格习惯和心理特点，我们在谈话的时候就不会触礁，反而会谈笑风生，让人如坐春风！

4. 引导对方一步步地说 "yes"

在谈判的过程中，要想说服对方，就要让对方接受自己的要求或者观点，从很大程度讲，是否会达到最终目的与自己的说话方式有很大联系。很多人都在犯这样的错误，在发生了问题之后，会使出千般手段，努力想说服对方接受自己的方式。或许，比较会说的那个人最终会胜利，可是这样忽略了别人想法的说服，不是沟通。被说服的人这一次被说服了，下一次呢？所以，要想让说服达到最好的效果，说服时就要用对方可以接受的方式来说服他人。

春秋时期齐景公算是一个昏君，晏子则对国、对君都赤胆忠心，他发现君王有错的话总要规劝，但很少脸红耳赤。其中有一个主要原因就是他经常采用对方可以接受的方法去进言。

有一次，齐景公得了肾炎病，已经十几天卧床不起了。这天晚上，他突然梦见自己与两个太阳搏斗，结果败下阵来，惊醒后竟吓出了一身冷汗。第二天，晏子来拜见齐景公。齐景公不无担忧地问晏子："我在昨夜梦见与两个太阳搏斗，我却被打败了，这先兆是不是告诉我，我要死了？"齐景公笃信阴阳，要正面说服他消除紧张心理，是非常困难的。

晏子想了想，并没有说什么，而是建议齐景公召一个占梦人进宫，先听听他是如何圆这个梦，然后再作决定。于是齐景公委托晏子去办这件事。晏子出宫以后，立即派人用车将一个占梦人请来，占梦人问：
"您召我来有什么事呢？"晏子遂将齐景公做梦的情景及其担忧告诉了占
梦人，并请他进宫为之圆梦。占梦人对晏子说："那我就反其意对大王
解释，您看可以吗？"晏子连忙摇头说："那倒不必。因为大王所患的肾
病属阴，而梦中的双日属阳。一阴不可能战胜二阳，所以这个梦正好说
明大王的肾病快要痊愈了。你进宫后，只要照这几句说就可以了。"

占梦人进宫后，齐景公问道："我梦见自己……是不是预兆我要死
了呢？"占梦人按照晏子的话说："您所患的肾病属阴，而双日属阳，一
阴当然难敌二阳，这个梦说明您的病很快就会好了。"

齐景公听后，非常高兴，于是放下了思想包袱，加以合理用药和改
善饮食，不出数日，果然病就好了。

晏子用迷信的方法，投其所好，解除了他的心理障碍而不着痕迹。
晏子的高明之处就在于他寻求一种对方可以接受的方式来达到自己说服
的目的。对于这点，在谈判中是非常重要的，这也是谈判工作中最艰难
的一步。无论对于哪方，都会想方设法让对方改变当初的想法而接受自
己的意见，这时，最重要的是要用一种对方能够接受的方式去说服他。
也只有这样才能达到自己所想要的效果。

懂得站在对方的立场，去发现对方的欲求或需求，借此再去说服对
方，这才是最省力气和成本的"攻心"策略。

事实上，当某个人一开始对你的请求说"不"的时候，通常都没有
加入感情因素，只是基于一些他不方便启齿的现实考量。如果你不懂这
个道理，只是想正面说服对方，往往是白费心机。

有一个电视节目想拍摄一部幼儿生活的短片，他们选定电视台附近
的一家幼儿园进行洽谈，却遭到了一位太太的拒绝，虽然她说了很多理
由，但实际上只不过是表面上的搪塞。

那位节目主持人有一定的说话技巧，他认真地设想对方真正的目的

超级沟通心理学

是什么，然后他把自己假设成那位太太，立刻就知道了对方担心的原因。

他再度登门，对那位太太说：

"我可以提出三个保证，希望你考虑。第一，我们将所拍摄的影片留下一份拷贝，送给你们保存。第二，我们在拍摄成功后会赠送几盒录影带给你们，因为这些影片可以作为老师们的参考资料。第三，我们下一次来时，一定会提早一个月通知你，并在取材及企划案上征询你的意见。"

结果，那位太太很快就答应了他们的请求。

事实上，很多没有达成共识的争执，都是因为双方各执一词，不肯互相为对方着想所造成的。倘若你能够从对方的立场出发，考虑对方的情感因素和实际困难，就能够轻易地解决问题。

谈判就像在赛马，其中，只有一点最关键，那就是谁先冲过终点线。作为一名深谙谈判技巧的谈判人员，你应能自如地控制整个谈判过程，让对方更容易接受你的说服方式，从而使双方都达到所要的目的。

5. 让对方觉得你们坐在一条船上

我们在说服别人的时候，首先要让人感觉到你处处在为他着想，他的心思你明白，这样就会让人解除开始的戒备心理。但是，要做到这一点就要事先做好准备，比如，你要对别人真正了解。倘若你在对别人根本就不了解的情况下，还要做他的"自己人"，别人会感觉你不真诚，而对你有一种厌恶感。

站在别人的角度看问题，需要具有同理心。同理心就是站在对方立场思考问题的一种方式。在既定已发生的事件上，把自己当成是别人，想象自己因为什么心理以致有这种行为，从而触发这个事件。

另外，在讲话的时候，可以用"我们"代替"我"。因为多使用"我们"一词，会缩短自己与对方之间的心理距离，让对方产生认同感，这在心理学上被称为"卷入效应"。有很多人不明白这个道理，说话的时候往往更多地使用"你"这个词，这样就让人感觉你和他分别属于"你"和"我"两个阵营。

小华是一家保健品公司的销售人员，一天，他去拜访一位客户，一进门就直接推销产品。

"李小姐您好，我是××公司的销售代表，这是我们公司新推出的产品，它坚固耐用、滋阴养血，非常适合……"

李小姐："抱歉，我们不需要这种东西。"

小华："您先看看产品资料好吗？"

李小姐："我现在很忙，没有时间看你的东西，请你马上离开这里……"

小刘也是这家保健品公司的推销员，他的推销方式完全不同于小华。一天，她在一个小区看见一位孕妇和一位老妇人坐在小河边的长椅上，便假装不经意地问旁边正在遛弯的一个人："那应该是一对母女吧？她们长得简直是像极了。"

这个人说："就是一对母女，女儿马上就要生了，母亲从老家赶来照顾她……"

这时，小刘走向绿地旁，亲切地提醒这位孕妇："外面有点凉，在椅子上坐的时间太长了对身体不好。"

这位孕妇非常惊奇地看了看小刘，说了声，"谢谢!"

"现在可能没什么感觉，等到以后会感觉不舒服的。"随后，又转向那位老妇人，"现在的年轻人不太讲究这些，有了您的提醒和照顾就好多了。"

……

当她们把话题从怀孕和生产后的注意事项讲到生产后身体的恢复，再讲到老年人要增加营养时，小刘已经和那对母女谈得很开心了。接下来，那对母女已经开始看小刘手中的产品资料和样品了……

在拜访客户时，倘若能让客户感到我们是"自己人"，那么我们与客户谈到一起的概率就高许多，彼此融洽的速度也会快许多。这是因为人与人之间相处时，喜欢找出彼此的"共同点"，人们总是更愿意同与自己具有相似之处的人交往，这种相似可以是个人嗜好、性格特征、生活习惯、穿着谈吐、经历见闻，等等。总之，相似点越多，彼此之间的亲和力就越强，就越能接纳和欣赏对方，也就越容易沟通。所谓的"物以类聚，人以群分"就是这个道理。

众所周知，"套近乎"指的就是在交谈之初找到双方的共同之处，这个共同之处可以是双方的经历、爱好、兴趣等，通过这些相近的爱好诱发彼此的共同语言，可以使双方形成一个良好的氛围，从而赢得对方的支持。而与领导的相处，也同样需要这种方式。

在职场中，想要使领导接受你的态度和观点，就需要与对方保持"同体观"。也就是说，把对方看作是和自己一体的，这样在对方看来，你就是在为他说话，为他做事。如此一来，双方的心理距离就会拉近，对方就会对你消除戒心。

所谓的"自己人"，实际上指的就是那些与自己存在着某些共同之处的人，这些共同之处可以是血缘、地域、姻缘等，也可以是相同的爱好、志向、兴趣等。在现实生活中，人们往往将那些与自己有着相同或相似志趣的人看作"自己人"，对他们也更加亲近。两个人的意见和想法越是一致，彼此之间的亲近感就越强。

在外交史上就有一个通过套近乎顺利达到谈判目的的故事：

有一次，一个日本议员去拜见埃及总统纳赛尔，因为两人的性格、经历、兴趣以及政治抱负相距甚远，总统对这位日本议员并不十分感兴趣。日本议员为了更好地完成使命，处理好与埃及总统之间的关系，在会见前进行了多方面的准备和分析，最后决定以套近乎的方式来打动纳赛尔，从而达到自己此行的目的。下面就是双方的对话：

日本议员说："阁下，埃及的尼罗河与纳赛尔湖，在我们日本可是人尽皆知的。我与其称您为总统，不如称您为上校吧，因为我曾经也当过军人，和您一样，我也跟英国人打过仗。"

纳赛尔回答："哦，是吗？"

日本议员说："我曾经拜读过阁下的《革命哲学》，并且把它同希特勒的《我的奋斗》做了比较，我非常惊讶地发现希特勒是实力至上的，但是您除此之外还充满了幽默感。"

纳赛尔显得极其兴奋，说："呵呵，你说的这本书是我在革命之后的三个月里匆忙写成的。你说得对，我跟希特勒不同，除了实力之外，我还很有人情味。"

日本议员说："是啊，没错！我们军人也是需要人情的。当初我在马来西亚作战的时候，身边一直带着一把短刀，我的目的不是为了杀人，而仅仅是为了保护自己。这就像阿拉伯人在为独立而战，目的也是为了保卫自己一样，这同我那时一直不离身的短刀不是同样的道理吗？"

纳赛尔听了，高兴极了："哈哈，您说得真好，很高兴跟您交谈，以后欢迎您每年来一次。"

这个时候，日本议员看到时机成熟，于是顺势转入了正题，开始谈及两国的关系和贸易发展，最后愉快地与纳赛尔合影留念。可见，日本议员的套近乎策略最终产生了神奇的效果。

在会谈的一开始，日本人就把总统称为上校，拉近了双方的距离。接下来，日本人又以读过总统的书为依托，称赞他的实力和人情味，并进一步称赞和肯定了阿拉伯战争的正义性。可以说，这不但准确地刺激了纳赛尔的得意之处，更加迎合了他的口味，因此日本人的话收到了理想的效果。这位日本议员的成功，给我们带来一个重要启示，那就是不能打无准备之仗，有备而来，才能更好地套近乎，并且套得牢靠。

在工作中，同样也可以运用这样的方法来赢得上司的信任和认可。在与上司交往时，要让上司接受你的态度和观点，就需要把自己和上司视为一体，拉近彼此的距离，然后向对方传递一些他能够接受的思想或观点，并在潜移默化中将自己的观点和思想渗透进去，使对方产生一种印象——认为你和他的思想观点是相近的，并且具有相同或相似的价值观。这样就能很快地缩小彼此间的心理距离，让上司更加愿意跟你接近，进而接受你的想法和观点。

6. 你足够忍耐，就没有不服的难缠对手

　　有些人之所以难缠，必定有难缠的原因，要么是性格使然，形成自己独自做事风格，如缺少诚信、自作聪明、自以为是、虚情假意、吹嘘自大、爱贪便宜等类型的人；要么，就是他们具有难缠的资格，别人拿他们一点办法也没有。面对这样的人，其实，我们只要多多留心，学会察言观色，投其所好，还是容易对付的。最怕的是，我们无法抓住别人的根本需求，不知道其难缠的根本原因。

　　小张不知什么原因，自从上个月产品价格再次上调，几个核心客户好像联盟起来一般，基本上不见他们怎么进货销售，仅仅零散补个两三台货。无论他是亲自拜访还是电话沟通，客户对他都是热情如故，满口答应，可只是嘴上说说，就是不见行动。倘若这样继续下去，别说完成不了公司制订的任务，还有可能"乌纱不保"。

　　小张知道，这几个客户都是难缠的主，每月不停地向小张要政策、要促销、要赠品。倘若他们提出的要求得不到满意的答复，他们既不同你鬼叫争辩，也不威吓利诱，最喜欢不动声色地以静制动，无论你如何说服教育，诉苦哀求，他们都是说"马上，马上，一定办，放心吧，小张!"可就是不采取具体行动。小张从心里也不喜欢他们，只是迫于他们是公司的大客户，才无可奈何地"宠"着他们。目前，也许由于价格

的上涨，小张手头上资源已经无法满足他们的需求，才故意卖关子给小张出难题。

小张后来才知道，原来是自己的产品不断涨价，造成他们利润也不断下滑，逐渐要把对该品牌产品的主推转移到别的品牌上面。倘若这一切都是真的，这对小张来说，简直是致命一击。眼看，这个月就要结束了，他们的回款还没有一点头绪。应该怎么办呢？一天，小张突然想起，在上几次的拜访中，他们曾提到能否为他们专门设置一个导购，负责产品的销售问题。自己虽然也给公司提了几次，由于这几个客户是三级市场的客户，企业没有为三级市场配设导购的条例，就给否决了，自己当时也没把此事当成一回事。仔细想想，自己每个给他们的提货奖励、促销政策也不算少，为什么就满足不了他们呢？小张心想，何不拿出部分政策，作为导购工资，其余部分，自己亲自为他们搞活动，而不能让他们自己支配，避免他们"得了好处还卖乖"，给自己制造难题。

于是，小张把这个想法和代理商商榷敲定，在代理商涂总陪同下，在××宾馆的茶楼中，通过一系列的谈判交涉，最后达成一个协议：分销商在月均销售不低于6万的基础上给予配设专职导购，但必须是现款现货，否则另行商榷。小张及其导购负责该品牌的产品销售和活动策划、执行，老板负责货源的保证。就这样，在火烧眉毛的关口，小张终于从这几个"以静制动"的客户手中拿到了30万的回款。

从此，小张省心多了，只要负责好这几个"难缠"客户的产品销售、活动设计等，在保证老板利润合理的基础上使销量最大化，减少了那些剪不断理还乱的钩心斗角。小张之所以能够解决难题，是因为他并没有被眼前的困难吓倒，而是十分耐心地与客户进行周旋，最终才达到了自己的目的。

某饭店服务员黄小姐捡到顾客遗失在店内的手机，想占据为己有，被领班张大姐发现，便让她上交，可黄小姐说："手机是我拾的，又不是偷的，更不是抢的，不上交也不犯法。"张大姐说："小刘，你知道什么叫'不劳而获吗？'""不知道!"黄小姐嘟着嘴回答。张大姐说："你看，'不劳而获'是不经过劳动占有果实!""你什么时候学会咬文嚼字了?"黄小姐有点不耐烦了。张大姐十分耐心地问："你说，抢别人的东西是不是'不劳而获'?""是的。""你说，偷别人的东西是不是'不劳而获'?""当然是的。""那么，拾到别人的东西据为己有是不是'不劳而获'呢?""这，这……"黄小姐语塞。张大姐顺势教育道："拾到别人的东西据为己有和偷、抢得来的东西，在'不劳而获'这一点上是相通的，除了国家法律，我们还应有一定的社会公德，再说店里也有工作守则，拾到顾客遗失的物品要交还，你可不能犯糊涂啊!"

经过张大姐的教育，黄小姐终于认识到自己的错误，把手机交了出来。在这里，张大姐避开黄小姐振振有词的歪理，而是有意和她弄清楚一个看似与论题无关的"不劳而获"的意义，再诱导她由大及小，从点到面，步步推进，层层剥离，最后才切入实质性问题：拾到东西据为己有，同偷、抢一样是"不劳而获"，是同样可耻的行为。一席话使黄小姐受到了教育，打消了错误念头。

美国费城电气公司的推销员乔治到一个州的乡村去推销电，他叫开了一所富户的家门，户主是一位老太太。她一开门见到是电气公司的，就猛然把门关上。乔治再次叫门，门勉强开了一条缝。乔治说："真是对不起，打扰您了。我知道您对电不感兴趣，所以这一次登门并不是来向您推销的，而是来向您买些鸡蛋。"老太太消除了一些戒意，把门开大了一点，探出头，用怀疑的目光望着乔治。乔治继续说："我看见您喂的明尼克鸡种奶漂亮，想买一打新鲜的鸡蛋带回城。"接着充满诚意地说："我的来航鸡下的蛋是白色的，做的蛋糕不好看，所以，我的太太就要我来买些棕色的蛋。"这时候，老太太从门里走出来，态度比以前温和了许多，并且和他聊起了鸡蛋的事，乔治指着院子里的牛棚说：

"老太太，我敢打赌，您养的鸡肯定比您的丈夫养的牛歉钱多。"老太太被说得心花怒放。长期以来，她丈夫不承认这个事实。于是她把乔治视为知己，并高兴地把他带到鸡舍参观。乔治一边参观，一边赞扬老太太的养鸡经验，并说："您的鸡舍，倘若能用电灯照射，鸡的产蛋量肯定还会增多。"老太太似乎不那么反感受了，反问乔治用电是否合算。乔治给了她圆满的回答。两个星期后，乔治在公司收到老太太交来的用电申请书。

乔治之所以能说服固执的老太太，诀窍在于他不急于求成，而是采用幅度从小到大，招招紧跟的说服方法，一步一步具体而又细致地为对方剖析情势，为其出谋划策，这就一步一步地拉近了双方的心理距离，促使老太太的态度一点一点地发生改变，就这样由小到大地一步一步逼近预定目标，最终取得了说服的成功。

由此可见，在与人交流的时候，倘若你遇到的是一个难缠的对手，那么就得用点耐心去应对了。

第九章

规避禁忌，做最优秀的说服者

　　要成功巧妙地说服他人，我们需要成为优秀的说服者。而成为一个优秀的说服者，除了拥有说服技巧外，还有一些禁忌，我们需要引起重视。我们唯有避免这些禁忌，才能让自己变得可爱起来，变得容易被人接受起来。

1. 说话要委婉，直来直去会"伤到自己"

　　说话委婉含蓄自古以来就是中国人的传统。因为有很多时候，说话委婉含蓄比说话直白更有效。中国人很爱面子，有时候，面子比性命都重要。如果你让客户感到没面子，那你的产品再好，他也不会买。所以说，说话千万要注意。比如，对于一个迷茫无助的人来说，规劝他固然重要，但是也要给他留点面子。每个人都有自尊心，都想要面子，一旦丢了面子，就会更加感到难堪，甚至是恼怒。如果方法不得当，不但会让对方难堪，也破坏了交往的气氛。因此，在劝解别人时，要采用幽默的话语，委婉地表达自己的想法或苦心。

　　有一个小女孩婷婷，大家都说她长得有点像"假小子"。她特别好动，整天疯玩疯闹，一刻也安静不下来，这让她的母亲非常烦恼。

　　有一天，婷婷出去和小朋友玩，一天都没回家。她的母亲非常生气，心想，等孩子回来一定要狠狠地责罚她，她母亲把笤帚都准备好了，等她回来就打一顿。

　　傍晚，婷婷带着满身的泥土进了家门。她的母亲见状更加生气了，于是气愤地对她说："又跑到哪疯去了？你看隔壁的欢欢多听话，整天安安静静的，只待在家里练琴、看书。哪像你，疯疯癫癫得哪像个女孩子？怪不得都叫你'假小子'，你还比人家大两个月呢，怎么一天到晚就知道玩，一点儿也不懂事。今天不要吃晚饭了，回房间好好反省去！"

"人家好，人家乖，那你去认她当女儿算了，还要我做什么？我走好了！"说完，小女孩一摔门又出去了。

爱玩是孩子的天性，作为母亲怎么能抹杀孩子的天性。婷婷未必不知道自己的缺点，但是出于自尊心而顶撞了母亲，母亲的教育也失败了。如果这位母亲能换个方式，对孩子说："宝贝，你能安静地在家陪妈妈一会儿吗？妈妈一个人在家很孤单的，妈妈最喜欢你在家做游戏了！"像这类话说出来，肯定有不一样的效果。所以，母亲应该委婉含蓄都去指出孩子的缺点，耐心的教育她，不应该如此直白地骂孩子，这样就伤了孩子的自尊，适得其反。

话说得太直白，会让人感觉你缺乏修养。每个人都希望和有涵养、有知识的人在一起交流。所以，说话一定要把握分寸。

虹娟到武汉出差，在街头小货摊上买了几件衣服，付款时发现刚刚还在身上的 500 多元外汇券不见了。货摊只有她和姑娘两人，明知与姑娘有关，但自己没有抓住把柄。当她提及此事时，姑娘翻脸说她在诬陷人。

在这种情况下，虹娟没有和她来"硬"的，而是压低声音，悄悄地说："姑娘，我一下子照顾了你五六十元的生意，你怎么能够如此对待我呢？你在这个热闹街道摆摊，一个月收入几百上千，我想你绝对看不上那几张外汇券的。再说，你们做生意的，信誉才是最重要的啊！"

她见姑娘似有所动，又恳求道："人家托我买东西，好不容易换来几百块外汇券，丢了我真没法交代，你就替我仔细找找吧，或许忙乱中混到衣服里去了。我知道，你们个体户还是能体谅人的。"

姑娘终于被说动了，她就坡下驴，在衣服堆里找出了外汇券，不好意思地交给对方。

这就是说"软"话的魅力，如果她给姑娘来硬的，对方肯定不会还给她外汇券。虹娟的一番至情至理的说辞，不但使钱失而复得，而且可能挽救了一个打算不劳而获的青年。

因此，说话什么时候该委婉，也是有根据的。

含蓄有时能帮助我们避免尴尬。巧妙地运用委婉含蓄的语言，看起来似乎说得轻描淡写，但实际上说出了关键问题的所在。丘吉尔说过的一句话最让人难忘："英国在许多战役中都是注定要被打败的，除了最后一仗。"这既表明了英国的力量，也表明了委婉含蓄的力量。

两度竞选总统均败在艾森豪威尔手下的史蒂文森也从未失去过幽默。在他第一次荣获提名竞选总统时，他承认自己确实有点受宠若惊，并打趣说："我想得意扬扬不会伤害任何人，也就是说，只要人不吸入这空气的话。"

在他竞选第一次败给艾森豪威尔的那天早晨，他以充满幽默力量的口吻，在门口欢迎记者进来："进来吧，来给烤面包验验尸。"

几年后的一天，史蒂文森应邀到一次餐会上做演讲。他在路上因阅兵行列的经过而耽搁，到达会场时已迟到了。他满怀歉意地解释说："军队英雄老是挡我的路。"

史蒂文森使用巧妙含蓄的语言，用一句句轻松、微妙的俏皮话，说得很委婉，从而改变了他在人们心目中的形象，使听众感到他并不是一个失败者，即使没有当选总统，他依然是个赢家。

我们在说话时，常常会使用一些故意游移其词的手法，给人以风趣之感。有人谈及某人相貌丑陋时，不会直接说"长得丑"，而用"长得困难点""长得有些对不起观众"这样的话来代替；谈到某人对一个人、一件事有不满情绪时，说他对此人此事有点"感冒"，等等。这都是在委婉含蓄地表达事情的本意。

关于委婉含蓄的表达方法，大致有下面几种：

（1）仔细研究事物之间的内在联系，利用同义词语来表达自己的思想，达到委婉含蓄的效果；

（2）由外延边界不清或在内涵上极其笼统概括的语言来表达自己的思想，达到含蓄效果；

（3）利用多种修辞方式，如比喻、借代、双关、暗示等，来达到含蓄的效果；

（4）有些事情不需直接点明，只需指出一个较大的范围或方向，让听者根据提示去深入思考，寻求答案，可达到含蓄的效果；

（5）通过侧面回答一些对方的问题，达到含蓄的效果。

在使用委婉含蓄的语言时也要注意，委婉含蓄并不等于晦涩难懂。它的表现技巧首先建立在让人听懂的基础上，同时要注意使用范围。倘若说话晦涩难懂，便没有了委婉含蓄可言；如果使用委婉含蓄的话不分场合，也可能会引起不良后果。

在我们的正常理解中，说话本应准确、清楚，但在语言的实际运用中，许多话是不必说得过于清楚的。具有一定的含蓄性，反而能让语言表达更有魅力。

比如当你去拜访朋友时，主人热情地拿出水果、零食招待你。如果你直言道："不吃不吃，我从来都不喜欢吃零食的，再说我也刚刚吃完饭，肚子饱得很，哪有胃口吃这些东西啊！"这样不仅让主人扫兴，还会伤害主人的自尊心。但如果表达含蓄一点，效果就完全不一样了："谢谢，多新鲜的水果，多香的糕点啊。可惜我刚刚吃完饭，没有胃口吃了，真是太遗憾了。"主人听了这样的话，心里无疑会很受用，而你也达到了自己所要表达的含义。

总之，说话不一定要直来直去，委婉含蓄地表达，不仅让人接受，还可深得人心。毕竟春风袭人的语言，人人都爱听。

2. 胸怀宽阔一点，避免和对方争辩

谋事在人，成事在天。永远要避免与人争论，任何人的思想不会因争论而改变，争论答结果十之八九会使双方比以前更加相信自己是绝对正确的。因为如果你的胜利，使对方的论点被攻击的千疮百孔，证明他一无是处，那又能怎样？你会觉得扬扬自得，而他呢？你使他自惭形秽，你伤了他的自尊，他自然而然会怨恨你的胜利，即使是口服，但心里并不服。正如本杰明富兰克所说的："假如你有抬杠、反驳的爱好，也许你偶尔能获胜，但那是空洞的胜利，因为你永远都得不到对方的好感。"

不论你的聪明才智如何，任何人都不可能靠辩论改变他人的想法，即使你在争论中肯定有理，但要想改变别人的意见，你所做的一切都徒劳，靠辩论你不可能使无知的人服气，任何一个想有所成就的人，绝不肯在和人争论上花时间，争执的后果不是他所能承担得起的，后果是包括发脾气、失去自制，要在和别人拥有相等权利的事物上，多一些让步，而那些显然是你对的事情就让步少一点，与其和狗争道被狗咬一口，倒不如让它先走，争强好斗，就是宰了它，也会给你留下永久的伤痛。

第二次世界大战后不久，伦敦的一个晚上让我受益匪浅。

当时我是史密斯爵士的私人助理。战争期间，他被调往巴勒斯坦作澳国的空军飞行首领，他在一个月内绕地球半周而轰动了全世界，这是

超级沟通心理学

从来没有过的壮举。为此澳大利亚政府奖励了他 5000 美元，英国女王也授予他爵士头衔。一时间，他成了英国的焦点人物。

一天晚上，我参加了一个欢迎史密斯先生的宴会，席间，坐在我身边的上校讲了一个幽默故事，这个故事用到了一句话："无论我们如何粗俗，有一位神，就是我们的目的。"

讲述者认为这句话出自《圣经》。但我绝对肯定，他错了。为了显示我的重要和优越感，我委托一个人指出了他的错。他却坚守自己的观点：什么？出自莎士比亚？不可能，不近情理，就是出自《圣经》！

当时我的一个老朋友加蒙先生坐在我的另一边。他非常精通莎士比亚，最后我们想请加蒙先生来决定。加蒙先生静听着，在桌下用脚碰了碰我，说："戴尔，你错了。这位先生是对的，是出自《圣经》。"

当晚回家时，我对加蒙先生说："老实说，你知道那句话是出自莎士比亚的。""是的，出自《哈姆雷特》第五幕第二场，但我们作为宴会的客人，为什么非得证明别人是错的？为什么让别人没有面子？他并没有征求你的意见，你为什么非要和他争辩？永远避免正面的冲突！"

"永远避免正面的冲突！"这句话给了我极深的印象和教训，因为我从来就是执拗的争辩者。

我曾批评过、从事过数千次的辩论，却从没注意事后所发生的影响。由于这次教训，我得到一个结论，也是一项真理，就是：天下只有一种方法，能得到辩论的最大胜利，那就是尽量避免辩论……避免辩论，就像避开毒蛇和地震一样。

十次辩论中有九次，每个争论的人都比以前更加深信自己的正确，你不可能通过争辩获胜。因为如果你辩论失败了，你当然失败了；如果你获胜，你也是失败的。为什么？倘若你胜了对方，将对方驳得体无完肤，并证明他神经错乱，那又如何？你自我感觉很好，但是他呢？你伤害了他的自尊，他当然也要反对你的胜利。

波恩互助人寿保险公司为他们的推销员定了一个规则："不要辩论!"真正的推销术，不是辩论! 人的想法不是通过辩论就可以改变的。

美国南北战争期间，最著名的报人哈利斯·葛里莱激烈地反对林肯的政策，他相信以论战、嘲弄、辱骂就能使林肯同意他的反法。他发起攻击，日复一日，年复一年。就在林肯遇刺的那天晚上，葛里莱还发表了一篇尖刻、粗暴地攻击林肯的文章。那些尖厉的攻击使得林肯同意葛里莱了吗? 一点也没有。嘲弄和辱骂是永远不能使人信服的。

如果你想知道一些有关为人处世、控制自己、增进品格的理想建议，不妨看看班杰明·富兰克林的自传——最引人入胜的传记之一，也是美国的一本古典名著。

在这本自传中，富兰克林叙述他如何克服好辩的坏习惯，使他成为美国历史上最能干、最和善、最圆滑的外交家。

有一天，当富兰克林还是个毛躁的年轻人时，一位教友会的老朋友把他叫到一旁，尖刻地训斥了他一顿，情形大致如下："你真是无可救药。你已经打击了每一位和你意见不同的人。你的意见变得太珍贵了，使得没有人承受得起。你的朋友发觉，如果你不在场，他们会自在得多。你知道得太多了，没有人能再教你什么，没有人打算告诉你些什么，因为那样会吃力不讨好，又弄得不愉快。因此你不可能再吸收新知识了，但你的旧知识又很有限。"

富兰克林接受了那次惨痛的教训。当时，他已经够成熟、够明智，以致能领悟，也能发觉他正面临社交失败的命运，他立即改掉傲慢、粗野的习性。

"我立下了一条规矩，"富兰克林说，"决不正面反对别人的意见，也不准自己太武断。我甚至不准许自己在文字或语言上措辞太肯定。我不说'当然''无疑'等，而改用'目前在我看来是如此'。当别人陈述一件我不以为然的事时，我决不立刻驳斥他，或立即指出他的错误。我会在回答的时候，表示在某些条件和情况下，他的意见没有错，但在目前这件事上，看来好像稍有不同，等等。我很快就领会到改变态度的收获，凡是我参与的谈话，气氛都融洽得多了。我以谦虚的态度来表达自己的意见，不但容易被接受，更减少一些冲突；我发现自己有错时，也没有什么难堪的场面，而我碰巧是对的时候，更能使对方不固执己见而赞同我。

"我一开始采用这套方法时，确实觉得和我的本性相冲突，但久而久之就越变越容易，成为我的习惯了。也许 50 年以来，没有人听我讲过些什么太武断的话。我在正直品性支持下的这个习惯，使我在提出新法案或修改条文时，能得到同胞重视，并且在成为民众协会的一员后，能具有相当影响力的重要原因。因为我并不善于辞令，更谈不上雄辩，遣词用字也很迟疑，还会说错话；但一般说来，我的意见还是得到了广泛的支持。"

事实上，争辩的目的是为了分清是非，寻求真理。所以，只要我们不怕吃亏，不做无益的争论，而是采取积极的态度，使用积极、文明、恰当的语言去与人探讨，就一定会取得意想不到的成效。

为了说服对方，改变他的意见及行为，我们需要冷静地把事实指示给别人看，与他从容地交谈。当我们与某人议论时，必须注意到一件事，那就是，在展开争论时切勿冲动地大嚷或采取激烈的态度。针对这个问题，美国耶鲁大学的两位教授进行了一项实验。

这两位教授耗费了很多年的时间，调查了种种争论的实态。例如，店员之间的争执，夫妇之间的吵架，售货员与顾客间的斗嘴等，甚至还调查了联合国的讨论会。

结果，他们证明凡是去攻击对方的人，都无法在争论方面获胜。相反，能够在尊重对方的人格方面动脑筋的人，则往往能够改变对方的想法。从这项实验中，我们明白了一个道理：人们都有保护自己、避免被他人攻击的强烈冲动。当我们对他人说，"哪有那种荒谬透顶之事"或者"你的思想有问题"时，对方为了保全自己的面子，以及守住自己的立场，定会紧紧地闭起他的心扉。因而，放宽心胸，尽量避免与他人争辩！

那么，具体到底应该怎样去做呢？

（1）给对方说话的机会

让你的沟通对象有说话的机会，当对方提到了与你不同的观点时，也要让对方把话说完，不要顶牛、防护或争辩，否则只会增加彼此的误会和障碍。在我们的生活中，有些人听不得一点反对意见，对方还没把话说完，他们就开始为自己辩解。

说话的方式有很多种，有时候最初说出来的意思并不一定是他人全部想表达的意思。人们会采用"先扬后抑（先肯定再否定）"，或是"先抑后扬（先否定再肯定）"的说话技巧。倘若话只听一半，就急着与人辩驳，那很可能会造成一些误会。所以，要先让对方把话说完，了解对方最终想表达的意思，再与人辩解。

（2）适当地保持沉默

在与人意见不合的时候，一定要保持冷静。想想这样的争辩是否有意义，对于一些根本就与你没关系或是无关痛痒的事情，你最好保持沉默，让对方去说好了。倘若对方本就对你有偏见，或是根本就对你不熟悉，那么开口之前也要谨慎，否则你在对方心中的形象又会受损。

（3）说话时对事不对人

我不相信这件事能够顺利完成。（针对这件事）

我不相信你能顺利完成这件事。（针对你这个人）

上面的两种说法说出来好像差不多，但对听者来说，就大不一样了。

对于第一个说法，对方可能回答："我尽量努力，让它顺利完成吧！"而第二个说法，对方可能会说："你为什么不相信我的能力？"

　　有时候，在不知不觉中我们就能将战火点燃。我们经常在为一件事争吵的时候，会无意识地把事引到与事相关的人，进而对他人发起人身攻击。比如当一件你很看重的事情对方没处理好的时候，你会不由得想骂对方"你简直是笨死了！""这么简单的事情都办砸了，你长了个猪脑袋吗?"甚至用"有其父必有其子"之类的话语捎带上对方长辈一起训。每个人都是有尊严的，一旦你侵犯了他的自尊，战火就会越烧越烈。所以，这样的错误最好不要犯，即使争论也要围绕事情去争论，而不是针对双方的为人。

　　（4）尽快走出"战场"

　　倘若争论无法避免，且最终你获胜了，你也应该表现出自己的风度，不要计较争辩时对方对你的态度。这个时候，你可以请对方为你帮个小忙，比如递一杯水，问对方几点了。这表明，你即使与他进行过一场争辩，但你始终是把他当朋友的，对他并没有敌对情绪，这样可以缓解气氛，让双方尽早从充满火药味的"战场"走出来。

　　倘若争论是对方获胜，那么也不要太计较争论本身这回事，而要认真思考对方所说的道理。不要因为自己在争论中输掉了而对对方耿耿于怀，甚至因为这一点小事而对对方打击报复。

　　在社交中，如果人家提出的意见，你不同意，千万不要马上反驳，至少要给他一个台阶下。

　　我们每个人都应该明白一个道理：争辩并不是目的，达成共识、解决问题才是目的。很多人在与人争辩的过程中，渐渐地转移方向，把对事情的反对态度转变为对对方的否定态度，因而一场争论发展成一场冲突。当双方的意见僵持不下时，你就应该明白，再这样下去对双方都没有好处，最好的办法就是找到一个双方都能接受的方案，或者建议一个可行性强的折中方案，其中包含了双方的部分观点。

3. 开玩笑有分寸，玩笑过火会引"祸"上身

　　人际交往中，开个得体的玩笑，可以松弛神经，活跃气氛，创造出一个适于交际的轻松融洽的氛围，因而诙谐幽默的人常能受到人们的喜爱。但是，开玩笑开得不好，则会适得其反，伤害感情，因此开玩笑还要掌握好分寸。

　　人的脾气、性格、爱好不同，开玩笑要因人而异。开玩笑要注意长幼关系。长者对幼者开玩笑，要保持长者的庄重身份，使幼者不失对长者的尊敬；幼者对长者开玩笑，要以尊敬长者为前提。开玩笑要注意男女有别。

　　有些人平时就喜欢开玩笑，在"愚人节"更是很活跃。但是，开玩笑之前一定要先想想，对方是个什么性格的人，你们之间的关系如何，你开这样的玩笑对方是否能接受得了？

　　开玩笑最好是在关系比较密切的朋友之间，有一定感情基础，在一起开个玩笑，朋友之间一般不会介意。但是假如双方关系一般或者平常较少联络，冷不丁开个不大不小的玩笑出来，首先会令人感到莫名其妙，不仅收不到玩笑预期的效果，还会令对方猜测半天："你什么意思啊？"

　　"在办公室你是不是喜欢开玩笑？"的调查结果显示，"很不喜欢，

工作就是严肃的"古板派只占了 2% 的比例；选择很喜欢，开玩笑是对枯燥工作的调剂占 11.6%；觉得一般，和工作没有太多关系的麻木派占 8.8%；而选择分情况而定，有时好的玩笑是人际关系润滑剂的占了 47.6%；觉得应分人，有的人不适合开玩笑的明智派占到了 30%。由此可见玩笑虽好，还需适当为好。

调查结果也显示，大多数人对玩笑的接受程度是相当高的。在"你喜欢别人同你开玩笑吗"的调查中，有 62% 的人选择了没关系，大家打哈哈，无伤大雅；有 25% 的人觉得一般，和严肃的工作场合没什么关系；但是也有 5% 的人很讨厌别人同自己开玩笑；还有 8% 的人要看情况而定，说不清楚。

在你没有确定你周围的同事里谁是讨厌开玩笑的那 5% 的人之前，建议你还是要小心一些。即使是能接受玩笑的人，你十分了解的同事，心情也是有阴晴冷暖的起伏，所以在你三箩筐玩笑出口前，最好看看人家情绪上的"天气预报"。

小孙是公司里的业务尖子，1.78 米的个头，相貌英俊，风度翩翩，而且父母非常有钱，更重要的是 27 岁的他居然还是单身，于是把这家公司里那帮大姑娘们迷得神魂颠倒。

但女孩们渐渐发现，小孙虽然性格开朗，爱开玩笑，但无所顾忌。他开玩笑不讲分寸，经常拿女孩的身材开玩笑，不是说哪个瘦得只剩一堆排骨，就说那个胖得像个水桶，伤害女孩的自尊心，令人不快。有一次，他居然开玩笑说文员小杨不懂穿衣服，像是穿着一堆垃圾。惹得小杨当众杏目圆睁，大发雷霆，令他十分难堪，几乎下不了台。再加上小孙习惯了别人对他好，宠他、爱他，他却没有学会去爱人，去热心帮助别人。女同事叫他帮忙搬重东西，他虽然勉强同意了，却流露出怕苦怕脏的表情。久而久之，女孩们便不再怎么理睬他。

于是，大帅哥成了孤独的白马王子。

李伟办公室里有一名已婚的女同事林芳，和李伟一样来公司两年了。平常同事间的关系很好，相互之间经常开开无伤大雅的玩笑，逗逗趣，气氛很和谐愉快。林芳刚刚结婚没多久，老公是一个高中的体育老师。林芳老公来过公司几次，但是李伟碰巧都没有见到面。林芳和她老公的感情非常好，每天都要打电话。前不久，林芳说老公要来看她，大家都起哄，开玩笑。李伟也在 QQ 上与林芳聊天，开玩笑说："哈哈，听说你老公要来了，我是不是该避一避啊。""你这个没良心的女人，你老公来了就不理我了。"林芳和同事开玩笑开惯了，回复的时候也是用玩笑的语气。可是，在别人看起来就很暧昧了。

　　林芳的老公来接林芳，不知道为什么要约李伟一起吃饭。林芳去卫生间之后，林芳老公突然沉下脸对李伟说："我看了你们两个人的聊天记录，很生气。我老婆和我解释说你们那是开玩笑的，我当然相信自己的老婆，也希望那只是开开玩笑而已。不过哪怕你真的对我老婆有什么心思，也请你别破坏我们的家庭。我绝对不会允许别人来破坏我们的感情。"李伟想着自己只不过是开了个玩笑，至于反应这么大，这么羞辱人吗？当时酒气上来，差点和他打起来，结果当然就是闹个不欢而散了。

　　从此以后，林芳老公天天准时来接林芳下班，甚至有时候早来，还会在办公室里等一两个小时，做出一副故意给李伟看的样子。李伟感到非常尴尬，不清楚为什么一个玩笑会演变成现在这样。有一回林芳给老公买了一顶帽子，回到办公室问大伙好不好看。李伟开口就说："假如是绿色的就更好了。"原本很热闹的办公室一下子变得安静无比，李伟恍然自己又开了没有眼色的玩笑。后来李伟在公司的日子就更不好过了，只好辞了工作，否则天天对着疑神疑鬼的人，不崩溃也会抓狂的。

　　在同事之间，偶尔幽默一下，既可以活跃气氛，又能够给自己增加好人缘。但是任何事情都要讲究一个"度"。倘若你是在一家有发展前景的公司工作，不管是想要升职还是想要默默无闻地过自己的日子，都要在这个"无风都起浪"的职场上注意开玩笑的分寸。否则非但收不到预期的效果，还会适得其反，甚至酿成意想不到的后果。

有能力的人很多，有幽默感的人却很少。到了幽默的最高境界，常常将别人逗得前仰后合，当事人却一脸严肃。但是毕竟我们不是幽默大师，平常的生活中也很难做到这一点。倘若没有幽默细胞，那么最好还是不要板着脸来开玩笑，也不能总是嬉皮笑脸、大大咧咧的，这样时间久了，在同事之间就会失去威信，同事会觉得你不够沉稳，也就不会太尊重你了。倘若你这种很随便的态度被上司看见，就会让上司对你留下不够踏实、不够称职的印象，让他们对你难以放心，自然重要的工作任务也就不会交给你了。

说话有说话的技巧。倘若是开玩笑，当然要挑那些好笑的事情来说，但是在开玩笑之前，要先想清楚，这是不是有伤害到他人的成分。玩笑应该是善意的、文明的，让人身心愉悦的。不要将开玩笑变成恶作剧，否则就容易伤害到别人的感情。高手开玩笑，一个是自嘲，还有一个就是动嘴不动手。懂得自嘲的人是有智慧的人，而只动嘴，不动手，更可以避免出现玩笑过火而引发的身体伤害，避免悲剧的发生。

那么，在现实生活中，我们到底应该如何掌握好开玩笑的分寸呢？

（1）内容要高雅

开玩笑是运用幽默的语言有技巧的进行思想和感情交流的艺术，这就要求语言必须纯洁、文雅。笑料的内容取决于开玩笑者的思想情趣与文化修养。内容健康、格调高雅的玩笑，不仅给对方以启迪和精神的享受，也是对自己美好形象的有力塑造。假如开玩笑污言碎语，不仅使语言环境充满污浊的气味，对听者也是一种侮辱，至少也是一种不尊重。同时也说明自己水平不高，情趣低俗。

（2）态度要友善

与人为善，是开玩笑的一个原则。开玩笑的过程，是感情相互交流传递的过程，是善意的表现。如果借着开玩笑对别人冷嘲热讽，发泄内心的厌恶、不满的情绪，甚至拿取笑他人寻开心，那么除非傻瓜才识不破。也许有些人不如你伶牙俐齿，表面上你站到上风，但其他的人会认为你不能尊重他人，从而不愿与你交往。这样，你是失去的是众多的朋友。

（3）对象要区别

同样一个玩笑，能对甲开，不一定能对乙开。人的身份、性格、心情不同，对开玩笑的承受能力也不同。

一般来说，后辈不宜同前辈开玩笑，下级不宜同上级开玩笑，女性不宜同男性开玩笑。在同辈人之间开玩笑，则要掌握对方的性格特征与情绪信息。

对方性格外向，能宽容忍耐，玩笑稍微过大也能得到谅解。对方性格内向，喜欢琢磨言外之意，开玩笑就应慎重。对方尽管平时生性开朗，但恰好碰上不愉快或伤心事，就不能随便与之开玩笑。相反，对方性格内向，但正好喜事临门，此时与他开个玩笑，效果会出乎意料的好。

（4）场合要分清

在开玩笑时一定要看清场合，看这种场合是否可以开这种玩笑，一般来说，严肃静谧的场合，言谈要庄重，不能开玩笑。而在喜庆的场合则注意所开的玩笑能否使喜庆的环境增添喜悦的气氛，倘若因开玩笑使人扫兴就不好了。总的来说，在庄重严肃的场合不宜开玩笑，否则极易引起误会。

工作时间，一般不宜开玩笑。以免因注意力分散影响工作，甚至导致事故的发生。

（5）忌讳要躲开

通常需要注意的禁忌主要有以下几点：

和长辈、晚辈开玩笑忌轻佻放肆，特别忌谈男女之事。几辈同堂时玩笑要高雅、机智、幽默、乐在其中。在这种场合，忌谈男女风流韵事。当同辈人开这方面的玩笑时，自己以长辈或完备的身份在场时，最好不要掺言，只如无其事的旁听就是。

和非血缘关系的异性单独相处时忌开玩笑。哪怕是正经玩笑，也往往会引起对方反感，或者会引起胖人的猜测非议。

和残疾人开玩笑，注意避讳。人人都怕别人用自己的短处开玩笑，残疾人尤其如此。俗话说，不要当着和尚骂秃头，癞子面前不谈灯泡。

总之，玩笑可以让我们的生活更加多彩，然而开玩笑时一定要掌握"度"，适可而止才能活跃气氛，增进彼此之间的友谊。

4. 知之就知之，不懂装懂只会让人小看

求知最忌讳的就是自欺欺人，不懂装懂。倘若只是为了读书获得知识，这种"自欺欺人"还只不过是害己而已，没有什么大碍。但倘若让这种人领导企业，那就不是害己的问题了，可谓是"小则害己害人，大则毁掉企业"。为此，对于我们而言，绝不要低估了不懂装懂的危害。因为它完全可能让一个人的品质转变，堕落成为一种社会公害，可谓是遗患无穷。

曾听过这样一个笑话：

某人问："你怎样评价莎士比亚？"

甲说："还可以，只是口感不如'XO'。"

乙反驳道："喂！你不要不懂装懂！莎士比亚是一种甜品，怎么被你说成酒了！"

这个笑话真的令人啼笑皆非，寥寥数语，却充满了哲理。它告诫我们：知道就是知道，不知道就是不知道，不要不懂装懂。

其实，我们每个人都不可能对任何事情精通于心，必然有很多需要弥补和学习的地方。而不懂装懂就好像是给不足之处盖上了一块遮羞布，施了个障眼法，暂时挡住了别人的视线，让自己能够苟延残喘。殊不知，等到真相大白的那一天，不懂装懂的人终究是要为自己的无知付

出代价。

话说苏东坡在湖州做了 3 年官，任满回京。想当年因得罪王安石，落得被贬的结局，这次回来应投门拜见才是。于是，便往宰相府来。此时，王安石正在午睡，书童便将苏轼迎入东书房等候。苏轼闲坐无事，见砚下有一方素笺，原来是王安石两句未完诗稿，题是咏菊。苏东坡不禁笑着说："想当年我在京为官时，他写出数千言，也不假思索。三年后，正是江郎才尽，起了两句头便续不下去了。"把这两句念了一遍，不由得大声叫道："呀，原来连这两句诗都是不通的。"诗是这样写的："西风昨夜过园林，吹落黄花满地金。"在苏东坡看来，西风盛行于秋，而菊花在深秋盛开，最能耐久，即使焦干枯烂，却不会落瓣。一念及此，苏东坡按捺不住，依韵添了两句："秋花不比春花落，说与诗人仔细吟。"待写下后，又想如此抢白宰相，只怕又会惹来麻烦，若把诗稿撕了，不成体统，左思右想，都觉不妥，便将诗稿放回原处，告辞回去了。第二天，皇上降诏，贬苏轼为黄州团练副使。

苏东坡在黄州任职将近一年，转眼便已深秋，一日忽然起了大风，风息之后，后园菊花棚下，满地铺金，枝上全无一朵。苏东坡一时目瞪口呆，半晌无语。此时方知黄州菊花果然落瓣！不由对友人道："小弟被贬，只以为宰相是公报私仇。谁知是我错了。切记啊，不可轻易讥笑人，正所谓经一事长一智呀。"

苏东坡心中感到十分惭愧，便想找个机会向王安石赔罪。想起临出京时，王安石曾托他取三峡中峡之水用来冲阳羡茶，由于心中一直不服气，早把取水一事抛在脑后。于是便想趁冬至节送贺表到京的机会，带着中峡水给宰相赔罪。

此时已近冬至，苏轼告了假，带着因病返乡的夫人经四川进发了。在夔州与夫人分手后，苏轼独自顺江而下，不想因连日鞍马劳顿，竟睡着了，等到醒来，已是下峡，再回船取中峡水又怕误了上京时辰，听当地老人道："三峡相连，并无阻隔。一般样水，难分好歹。"便装了一瓷坛下峡水，带着上京去了。

苏东坡先来到相府拜见宰相。王安石命门官带苏轼到东书房。苏轼想到去年在此改诗，心下愧然。又见柱上所贴诗稿，更是羞愧，倒头便跪下谢罪。

王安石原谅了苏轼以前没见过菊花落瓣。待苏轼献上瓷坛，取水煮了阳羡茶。王安石问水是从哪里取的，苏东坡说："巫峡。"王安石笑道："又来欺瞒我了，这明明是下峡之水，怎么冒充中峡的呢?"苏东坡大惊，急忙辩解道误听当地人言，三峡相连，一般江水，但不知宰相是如何辨别出来的。王安石十分语重心长地说道："读书人不可道听途说，定要细心察理，我若不是到过黄州，亲见菊花落瓣，怎敢在诗中乱道?三峡水性之说，出于《水经补注》，上峡水太急，下峡水太缓，唯中峡缓急相半，倘若用来冲阳羡茶，则上峡味浓，下峡味淡，中峡浓淡相宜，今见茶色半天才现，所以知道是下峡的水。"苏东坡很是敬服，王安石又把书橱都打开，对苏东坡说："你只管从这二十四橱中取书一册，念上文一句，倘若我不能够答不上下句，就算我是无学之辈。"苏东坡专拣那些积灰较多，显然久不观看的书来考王安石，谁知王安石竟然能够对答如流。苏东坡不禁折服："老太师学问渊深，非我晚辈浅学可及!"

苏东坡乃一代文豪，诗词歌赋，都有佳作传世，只因恃才傲物，口出妄言，竟三次被王安石所屈，从此再也不敢轻易傲慢他人。苏东坡尚且如此，而那些才不及东坡者，更应该谨言慎行，谦虚好学。一个人读不尽天下的书，参不尽天下的理。正如古人所说："宁可懵懂而聪明，不可聪明而懵懂。"

其实，知之就知之，为什么一定要不懂就不懂呢?仔细一想，但凡带此陋习者一般原因有二：一是肚中本来没有多少知识，一旦被人问住，想回答"不知道"，但是又怕自己丢人，所以只好不懂装懂，信口胡诌，答非所问，敷衍了事，从而得以脱身；二是自己的能耐不大，但是却耐不住寂寞，于是就开始在人前人后"打肿脸充胖子"，摆出一副博古通今的架势，张嘴就是"张飞打岳飞，打得满天飞"，专门吓唬那些学识浅薄的人，从而借以扬名。

说到底，不懂装懂其实就是自欺欺人，更是一个人在求知过程中对待缺点和不足的一种遮掩。

可见，不懂装懂不仅无用，反而有害。汉代鸿儒董仲舒曾这样说："君子不隐其短，不知则问，不能则学。"所谓"不隐其短"就是要敢于承认自己的不足，敢于解剖自己。"不知则问"就是让自己少几分羞涩与虚伪，多几分坦诚与谦虚。"不能则学"就是要学习自己原来不明白的东西，弥补缺陷，不断充实自己，成为一个有真才实学的人。

我们也只有踏踏实实地学习，实事求是地做人，才能够在人生道路上站得稳、走得端。

5. 注重口德，不要用冷水浇灭别人说话的热情

在这个世界上，人人都渴望能够得到别人的认可与肯定。可是，在我们的周围往往会有一些人总是有意无意地用冷水打击别人的积极性，从而浇灭他人的说话热情。这种做法是非常不可取的。

在与人相处时，我们应该审时度势，察言观色，根据具体情况采取不同的说话方式，从而达到自己的目的。

有一位建筑公司的高级主管说，他最不能忍耐的，就是他的太太有意无意地泼他冷水。

当他打电话给太太说，今晚不能回家吃饭，因为公司同事决定一起为他庆祝40岁生日时，他这位曾是他大学同班同学的妻子马上嗤之以鼻地说："喔，你有什么本事，为什么人家要帮你庆生?"

一句话使他满腔热情结成冰，心想："早知你这么刻薄，下次不回家吃饭，我就不告诉你。"其实，太太说的话并不表示瞧不起他，只是单纯的不太会说话。

被人指责"不会说话"的人，通常很少认为那是自己的短处，反而会沾沾自喜的认为自己很"直"，暗暗以为是优点，如此一来，改进的可能性就很低。

曾在百货公司逛街时看到一对中年夫妻，太太刚从特价柜上挑起一

件衣服，先生马上"火眼金睛"地大声斥责："丑死了，放回去！"太太一惊，马上缩手，尴尬的眼神看着和她拿起同样衣服的人，然后低头遁去。

我们一边以同情的眼光看着这位太太，一边为自己的品位被殃及而心有不甘。

肆无忌惮公开批评一个人穿着用品，构成的伤害和当面斥责他是白痴并没有两样。

一位朋友说起她和母亲的关系自小就疏离，长大之后顶多能相敬如"冰"的原因，就是她母亲泼冷水的专长。

她自小成绩优秀，考第二名时，母亲先问的第一句话竟是："第一名多你几分？"

得到第一名时后，她原以为会得到赞赏，母亲却说："成绩好没什么了不起，女孩子品德最重要。"

母亲生日时她将零用钱买了她觉得十分漂亮的生日礼物，母亲却觉得浪费钱要她拿回去换，她嘟着嘴抗议"好心给雷击"，母亲却说："没揍你已经很好了。"

甚至当她长大成人后和母亲一起买衣服，站在试穿镜前，母亲也在她背后"赞赏"她"没想到你全身上下，就这双小腿长得还可以。"

挑剔鬼、泼冷水、没建设性的话可不能辩称是"忠言逆耳"，说者不见得开心，听者却是深受其害。

一位舞文弄墨的朋友苦苦钻研了很长一段时间，才在一家不太知名的报纸上发表了一篇两三百字的短文，欣喜之余，他把刚刚收到的一张30元的稿费单拿出来给大家看，大家看后啧啧称奇，都夸赞他与众不同，有一天一定能够在文学上有一番大的作为，朋友笑了，脸上如同开了一朵红色的玫瑰花，好像获得了诺贝尔文学奖一样幸福。这时不知哪位"麻友"突然冒出了一句："30块钱，那不够我打一盘麻将的钱呢！"

刹那间，欢乐的场面突然间就像冰冻了一般，众人祝福的表情顿时扭曲了一样，好似在大冬天的早上把一盆热水泼在地上，一下子就结成冰块一样，场面很是尴尬。火热的心，立马从火热降到冰点。朋友的眼里噙满了泪花，大家不欢而散。

一位老年人在向人们讲授自己多年以来的养生心得，他为自己不抽烟不喝酒而身体健康而幸福不已时，一个愣头小子不知从哪儿冒出来了这么一句话："男人不喝酒，白来世上走；男人不抽烟，白来世上转。"这位老年人听了，嘴巴张得大大的，气得一下子说不出话来。

生活中，人人都喜欢锦上添花、雪中送炭，不随便给别人的幸福泼冷水是种修养，因为幸福是一个人的个人隐私，在别人心里也许是一种幸福的，在你眼中也许是种苦难，随便给别人的幸福泼冷水，就等于是把自己的看法强加在别人身上，带给别人的是种心理上的伤害。

因此，在与朋友交往时，千万不要用冷水浇灭别人的热情，这样只会让你的朋友越来越少，行事也越来越不顺利。

6. 动口前先动脑，口无遮拦惹人恼

俗话说，一张口可以荣升，同样也可以夺身家性命。鸟儿被自己的双脚拌住，人会被自己的舌头拖累。人往往会因为说错话而自找麻烦。古人讲慎言，就是说人说话要多加考虑，切不可信口开河，不知深浅，没有轻重。就算心是好的，但是因为没说好话，导致不好的结果，引来祸端，这就是所谓的"祸从口出"。聪明人知道如何管住自己的嘴巴，只有那些笨人才会逞口舌之快。

安娜心地十分善良，但就是有个爱说闲话的毛病，很多事情经过她的嘴一加工，再散布出去，往往给别人带来很大的伤害，结果弄得很多人都不喜欢她，不愿意和她打交道。安娜为此非常苦恼。

有一天，她来到教堂，向神父诉说自己的苦恼。

神父说："你不应该谈论别人的缺点，更不应该以此来散布流言。其实，我可以看得出你也因此很难受。但是，我告诉你一个方法可以减轻你内心的痛苦。

你到市场上买一只鸡，然后离开市场往家走，你边走边把鸡身上的毛拔下来，四处散布。你要不停地拔直到鸡毛被拔干净。当你做完这些事情，请再来找我吧。"

安娜觉得非常奇怪，但是还是照神父说的去做。等做完之后，她再

来到神父这里。神父又说："接下来，你沿着你家到市场的路走，并拾起所有你散布的鸡毛。"安娜说："这怎么可能？鸡毛早都被风吹跑了，即使拾也只能拾起一些，不可能拾起全部的鸡毛。"此时此刻，安娜突然领悟到了，原来自己无心散布出去的那些话，像鸡毛一样随风四处流散，而且根本无法再收回来。她对神父说："我明白了，从此之后我要管住自己的嘴巴，再也不乱说那些愚蠢的话了。"

一个人能够约束自己的嘴，不论在何种场合下用语都很恰当，那么他就是有智慧的。

妮妮是一个活泼开朗的女孩，在一家公司做总裁助理，一次，妮妮陪同总经理与一个非常重要的客户见面，总经理叮嘱妮妮，这次会议对公司的发展极为重要，一定要注意自己的言行举止，力争给客户留下好的印象，促成合作。

妮妮听了，连忙点了点头，跟随着总裁向会议室走去。

一进会场，总裁和等在那里的王总寒暄后，进入正题。当谈到之前的一个项目，在这个项目上与两位客户在谈判，但是公司只会选择一家公司合作，所以，在这两位客户之间，总裁比较小心地谈着，并且很避讳在一位客户面前谈到另一位客户。

两位老总在交流时，妮妮在一旁专心地听着，同时还不时地在两人说话间插上几句。其实老总是不满意妮妮插话的，不过当着客人的面，老总不好发作。所以，不时地要求妮妮去拿点东西或做点其他事，企图将她支开。但妮妮不懂得为人处世的道理，她不明白老总的意思是在无声地告诉她不要喧宾夺主，做好自己分内的事就可以了，毫无心机的妮妮不停地插话，搞得两个老总都不耐烦了。

当客户说起对项目合作的一些建议时，妮妮抢着说："前几天那个李总也说过这事。"妮妮口不择言地说话，将气氛弄得非常尴尬，气氛达到了冰点，总裁脸上很难看，气愤地对妮妮说："我想起来了，公司里还有一些事情需要你回去协助一下，你现在就马上回去吧。"

妮妮这才离开了会议室，回公司去了。但是，第二天，总裁就将妮妮辞退了。

慎言能体现一个人的涵养和修行。管好自己的嘴巴，会给人留下稳重谨慎的印象。我们不要因为自己的嘴而给别人和自己带来伤害。

管好自己的嘴巴，不说不该说的话，听起来容易，能做到还需要有一定的智慧。说话要把握分寸，不该说的话不要说，就算是开玩笑也要有个度。古人曾说："十语九中，未必称奇，一语不中，则愆尤并集……君子所以宁默毋语。"为人处世，不可不重视慎言。慎言不仅能让人体会到"沉默是金"的道理，还能让人认识到"此时无声胜有声"的奥妙。

有些伤害人的话不说，别人不会认为你是哑巴，相反会觉得你有内涵、有修养。伤害人的话语确实令人讨厌、令人憎恶，甚至还能引起双方发生冲突。因为人都会有维护自尊和人格的本能。注意自己所说的话，不要让无意中所说的话伤害到他人。

我们经常说："言多必失。"这句话的意思就是说，倘若一个人总是滔滔不绝地讲话，说得多了，话里自然就会暴露出许多问题。特别是在大众场合，你一旦失言了，一句话就有可能会伤害到一个人，这就会让你招惹祸端。

有心机的人不管在什么场合，都很注意自己的一言一行。而无心机的人说话不顾忌场合，面对别人总是乱讲话，甚至说话连大脑都不过。你要知道，说出去的话，就如同泼出去的水一样，是收不回来的。所以，说话时一定要谨慎。